60 MET EEN +

Els Messelis

60 met een +

Zinvol, creatief en succesvol ouder worden

Voor Maria Desimpel, van ons heengegaan op 26 februari 2017.

'Lieve mama, het schrijven van dit boek kwam tot stand toen je zwaar ziek was en uiteindelijk van ons heenging. Het was bij momenten een lastig en moeilijk (schrijf-) proces, maar ik heb de kracht gevonden om het tot een goed einde te brengen. Ik draag dit boek dan ook heel graag aan jou op. Je hebt me altijd aangemoedigd om te groeien als mens en als gerontoloog. Mede door jou vond ik de kracht in mezelf om talenten en competenties te zien en te waarderen bij oudere volwassenen. Ik blijf in de toekomst proberen om 'een stem te geven' aan die oudere volwassenen die zelf geen stem (meer) hebben...'

INHOUDSTAFEL

HOOFDSTUK 4
VERBONDENHEID MET DE ANDERE(N) 57

HOOFDSTUK 5
VERBONDENHEID MET HET MATERIËLE 107

VOORWOORD

Ouder worden... Elk jaar opnieuw worden we geconfronteerd met de tijd die sneller en sneller lijkt te gaan. Dagen, weken en jaren vliegen voorbij, en plots zitten we op tram 6 en staat het pensioen voor de deur. De meerderheid van de mensen houdt er zich niet mee bezig. Meer zelfs, de meeste mensen wíllen er niet mee bezig zijn. Een belangrijke reden daarvoor is de foutieve beeldvorming over oudere volwassenen. Naarmate er ook bij jezelf meer jaren op de teller komen, merk je dat die beeldvorming niet strookt met de realiteit. Je stelt vast dat niet alle oudere volwassenen zorgbehoevend zijn. Integendeel. Velen onder hen zijn actief, sportief en geëngageerd. Bij Neos vzw weerklinkt niet voor niets de leuze 'De tijd van je leven beleef je bij Neos'. En ook bij Vayamundo wil men via het Allegro-aanbod aan active ageing doen.

Intussen beïnvloedde die negatieve beeldvorming misschien wel jouw kijk op de toekomst, met als gevolg dat je opportuniteiten gemist hebt, kansen genegeerd hebt... tot je ze op latere leeftijd – als het bijna te laat is – toch ontdekt. Je stoot jezelf dan voor het hoofd met de woorden: 'Had ik het maar geweten'.

Toen Els Messelis ons vertelde dat ze schreef aan een nieuw boek dat (kandidaat-)gepensioneerde zestigplussers vroeger doet nadenken over later, waren we met Integraal vzw, Vayamundo en Neos vzw meteen vóór dit idee gewonnen. Simpelweg omdat we weten dat er na je zestigste nog een geweldige tijd aankomt. De weg naar een leven met net dat ietsje meer – vandaar ook de titel: *60 met een plus* – is niet altijd eenvoudig te vinden. Vanuit onze organisaties werken we hard aan die weg, via voorbereidingscursussen, een aantrekkelijk aanbod van cultuur en reizen en zo meer. Met dit boek hebben we een bijkomend instrument in handen om de foutieve beeldvorming over oudere volwassenen aan te pakken. Els Messelis neemt ons via verschillende topics mee op weg naar creatief, zinvol en succesvol ouder worden. Ze doet dit niet op een belerende manier. Integendeel. Op een heel uitnodigende toon nodigt ze de lezer uit om samen met haar op weg te gaan met zichzelf. Moet dat? Nee, dat hoeft niet. Het kan. Het zou alleen zonde zijn om tijd verloren te laten gaan als je bepaalde zaken eerder vroeger, dan later had geweten.

Veel leesplezier, en succes met je levensweg.

Jo De Bock
Gedelegeerd bestuurder
Vayamundo

Marc Gommers
Directeur Integraal vzw

Martin De Loose
Directeur Neos vzw

“De wetenschap is het voedsel der jeugd en een verkwikking voor de ouderdom.”

~ Cicero

HOOFDSTUK 1
DE WERELD VERZILVERT

1. Forever young...

De wereld verzilvert. 'So what?' hoor ik een verre kennis mompelen, 'daar kan ik toch niets aan doen? Zolang ik maar niet te lang leef en in goede gezondheid verkeer en...', zo gaat hij verder... 'de aarde warmt ook op, de wereldvrede gaat erop achteruit, maar wie ben ik om daar iets over te zeggen of om daar iets mee te doen?' We leiden allemaal in zekere mate aan het nimbysyndroom: 'not in my backyard' en dus niet mijn probleem.

Pascal Bruckner schrijft in zijn boek 'Gij zult gelukkig zijn' dat wij vandaag voortdurend worden geappelleerd en gemobiliseerd om gezond te zijn en ons lichaam in een goede conditie te houden.[1] Hij plaatst de maatschappelijke en medische mobilisering van het lichaam onder de algemene noemer van wat hij omschrijft als 'de plicht tot geluk'. Vandaag de dag is het, aldus Bruckner, een maatschappelijke plicht geworden om gelukkig te zijn en er altijd stralend, jong en fit uit te zien. Alles, maar dan ook alles wordt in het werk gesteld en gemobiliseerd om dat ideaal van gezondheid en geluk elke dag opnieuw weer te bereiken.

Bruckner gaat zelfs nog verder, door te stellen dat sociale status niet langer alleen aan rijkdom of macht wordt afgemeten. We moeten er ook nog eens stralend, gezond en fit uitzien. Een uitgezakt en pafferig lichaam is 'slecht' binnen deze cultus van de zelftevredenheid.

> *"Alles, maar dan ook alles wordt in het werk gesteld om dat ideaal van gezondheid en geluk elke dag opnieuw weer te bereiken."*

'Het werken aan onszelf, het eindeloze zelfonderzoek, staat gelijk aan een morele verlossing, zelfs als het gaat om futiliteiten zoals voorbruinen of vermageren voordat we op vakantie gaan. Want al die leraren in welbehagen, of ze nu priester, psycholoog of arts heten, zijn in feite vriendelijke inquisiteurs die onze voornaamste bron van vreugde drooglеggen: de onthechting, de zorgeloosheid en het vergeten van de kleine dagelijkse ongemakken. (...) Terwijl in de middeleeuwen ieder levend mens slechts een dode met uitstel van executie was, wordt iedereen tegenwoordig door de wetenschap voorgehouden dat hij in aanleg onsterfelijk is; maar hoeveel pijn en moeite, hoeveel offers kost het ons niet om een paar jaar te winnen en toegang te krijgen tot het 'paradijs' van de honderdjarigen? Misschien zullen we op een dag tegen het nieuwe dogma van de onsterfelijkheid in opstand moeten komen om het recht op te eisen om net als onze voorouders eenvoudig te mogen sterven.'[2]

De gevolgen van deze evolutie is wat de Vlaamse filosoof Ignace Devisch de 'paradox van het gezondheidsideaal' noemt: het steeds meer streven naar gezondheid en vitaliteit zorgt voor een veralgemening van het ziek-zijn.[3] We zijn nooit jong, slank of fit genoeg en we moeten er daarom altijd aan blijven werken. Dus: van het medische kunnen naar het maatschappelijke moeten!

"We willen allemaal dus wel ouder worden, maar willen het vooral niet zijn."

De voorheen radicaal feministe Anneke van Baalen vatte het als volgt samen toen ze zestig werd: 'Ik vind het vreselijk om oud te worden. Ik zou het niet erg vinden als oud zijn prestige had, maar dat is niet het geval. Niemand vraagt iets aan een oud nekje.' De schrijfster Josepha Mendels verwoordt het ouder worden als volgt: 'Op een dag vallen je billen er zomaar af. Ik ben nog naar gevonden voorwerpen geweest, maar daar waren ze niet.'[4]

Is het niet normaal dat onze huid minder elastisch wordt als we ouder worden? Dat we meer rimpels en grijze haren krijgen? Dat het allemaal wat meer gaat 'hangen'? De focus op de buitenkant, het schoonheidsideaal, het ego en het jong zijn of er ten minste jong uitzien is gigantisch.

We verdringen elkaar op het podium van de aandacht. Vrouwen blijken er bovendien extra gevoelig voor te zijn. In New York City is de 'microbe' zelfs overgeslagen naar vrouwen van 65+ die botoxbonnen aan elkaar geven als verjaardagsgeschenk. Alsof dit alles nog niet genoeg is, zijn ook mannen aan een stevige opmars bezig om het perfecte sixpack te hebben. Enkel crèmes brengen voor veel mannen niet langer het beoogde prettige gevoel. Plastische chirurgie wordt ook bij hen het grote modewoord, een modeverschijnsel dat is komen overwaaien uit Brazilië.

Eeuwenlang al is de mensheid geobsedeerd door ouder worden, en het 'lelijker' worden dat daar in de volksmond een gevolg van is. De gedachte dat je met vitaliteit, eeuwige jeugd, luxe, welvaart en rijkdom pijn, veroudering en de dood kunt bezweren, bestaat al heel lang. Iedereen gaat ongeduldig op zoek naar de pot met goud. De lelijkheid van de mensen... Het heeft zelfs niet altijd iets met ouder worden te maken. Denk maar aan de historische verhalen van de verraden Hera die bezeten raakt door jaloezie en die niet meer boven haar woede en verdriet uit kan stijgen.

We willen allemaal dus wel ouder *worden*, maar willen het vooral niet *zijn*. Prof. Dr. Jan Baars, hoogleraar gerontologie, heeft zijn boek 'Het nieuwe ouder worden'[5] ook uit verbazing geschreven over hoe wordt omgegaan met een van de meest ingrijpende veranderingen van de laatste decennia. Hij stelt dat de levensverwachting in de laatste honderdvijftig jaar is verdubbeld en de mensen over het algemeen steeds gezondere en langere levens leiden. Toch worden ze snel tot 'de ouderen' gerekend. Hij spreekt dan ook over de 'paradox van de steeds jongere oudere'. Maar deze paradox heeft volgens hem ook nog een bredere betekenis: terwijl veroudering ondanks de langere levens onvermijdelijk is, richt men zich niet op goed of beter ouder worden, maar op jong blijven. Het perspectief is zo lang mogelijk leven en tegelijkertijd jong blijven dankzij de anti-verouderingsindustrie.

2. Weg met de 'trap des ouderdoms', leve de U-curve!

De trap des ouderdoms (Numan, 1831-1854) heeft tot ver in onze tijd het beeld van de ouder wordende persoon weerspiegeld. Daaraan gekoppeld, werd verteld dat een mens rond zijn vijftigste zijn geestelijk hoogtepunt bereikt. Daarna gaat het alleen nog bergafwaarts.

Recent onderzoek van de Amerikaanse hoogleraar psychologie Arthur Stone[6] wijst echter uit dat precies het tegendeel het geval is. Stone onderzocht 340 000 Amerikaanse vrouwen en mannen tussen 18 en 85 jaar. Hij vroeg hen hoe gelukkig ze waren met hun leven en of ze angstig waren, stress hadden, woede kenden of zorgen hadden. Tegen de verwachting in vond Stone dat de oudste groep (82-85 jaar) het gelukkigst was. Stone concludeert dat geluk in een mensenleven een U-curve vertoont: rond de leeftijd van achttien jaar en als twintiger voelen we ons op ons best, we kunnen ons geluk niet op met wat er allemaal te ontdekken valt. Vanaf ons dertigste levensjaar timmeren we hard aan gezin, huis en carrière. Rond onze veertigste verjaardag verschijnen de eerste haperingen (gebroken relaties, behoeftiger wordende ouders of wegvallende ouders, professionele ontgoochelingen). De grootste dip ontstaat tussen ons vijvenveertigste en vijftigste levensjaar, met vooral existentiële vragen in de zin van: 'is dit nu alles?' Vanaf de leeftijd van vijftig klaart de hemel echter weer op. De levensloop van een mens wordt met andere woorden uitgedrukt door een 'lachende smiley'. In elk geluksonderzoek duikt sindsdien de fameuze 'U-curve' op.

> “De levensloop van een mens wordt met andere woorden uitgedrukt door een ‘lachende smiley’.”

In een artikel in *DS Weekblad* van 7 maart 2015[7] wordt gewag gemaakt van de studie van twee arbeidseconomen, David Blanchflower van Darmouth College en Andrew Oswald van de Universiteit van Warwick. Zij kwamen in 2008 tot gelijkaardige bevindingen als Stone toen ze onderzoek deden bij 46- tot 55-jarigen in tachtig landen betreffende het thema ‘tevredenheid met het leven’. ‘Welke set van gegevens je ook bekijkt,’ zei Blanchflower in *The Atlantic*, ‘je ziet altijd dezelfde curve.’ Recenter onderzoek, in 149 landen, kwam tot dezelfde conclusie. Het merkwaardige is dat de U-curve ook in de levensloop van gorilla’s en chimpansees opduikt. Verzorgers en onderzoekers in dierentuinen in Australië, Canada, Japan, Singapore en de VS werd gevraagd om het welbevinden van zo’n vijfhonderd apen te monitoren. Ook daar was de dip heel sterk aanwezig tussen het 45ste en 50ste levensjaar.

Tot zover het (succes)verhaal van een bepaalde (midden)klasse. Dat verklaart paradoxaal genoeg ook waarom zoveel studies uitwijzen dat geluk en welbevinden terug toenemen na ons vijftigste. De reden ervan is zelfs een beetje cynisch te noemen: de statistieken zijn op ‘natuurlijke’ wijze uitgezuiverd. Wie voor zijn vijftigste het loodje legt, beantwoordt uiteraard geen onderzoeksvragen meer over geluk of welbevinden. Ook is bekend dat wie arm is sneller ziek en ongelukkig wordt, jonger oud is en sneller opbrandt.

Daarbovenop leiden we uit cijfers van het Vlaams Agentschap Zorg & Gezondheid af dat ‘de suïcide-intentie’ bij actieve mannen tussen 20 en 59 jaar het hoogst is in de leeftijdsgroep 55-59 jaar.[8]

Bepaalde auteurs verdienen veel geld met geluksonderzoek...

De Duitse auteur Wilhelm Schmid bijvoorbeeld, die het recent verschenen boek 'Gelatenheid. Wat we winnen wanneer we ouder worden' schreef.[9] Schmid (°1953) is hoogleraar Filosofie aan de Erfurt-universiteit in Berlijn en auteur van wereldwijd vertaalde filosofische bestsellers over levenskunstfilosofie. De onderwerpen van zijn werken lopen uiteen van geluk tot ecologisch leven. Met het boekje 'Gelatenheid' onderzoekt hij de kunst van het ouder worden. Op zijn vijftigste hield hij zijn eerste lezing over ouder worden. Die overwegingen kwamen niet voort uit zijn eigen ouderdomsproces, wel uit dat van zijn moeder. Hij bewonderde de gelatenheid waarmee ze het onderging en keek over haar schouder mee om er zoveel mogelijk van te leren, mocht hij het ooit nodig hebben. In zijn lezing maakte hij zich vrolijk over het feit dat er sprake is van 'ouder worden'. Willen mensen dus liever ouder *worden* dan oud *zijn*? Ondertussen werd Schmid zestig, maar gelaten is hij geenszins. Integendeel, hij werd overvallen door een grote droefheid om het afscheid van zijn jaren als vijftiger, die heel mooi waren en nooit meer zouden terugkomen. Hoewel slechts getallen, duiden ze realiteiten aan die sluipend naderen en plotseling je bewustzijn bereiken. Schmid gaat ervan uit dat 'leren leven met je eigen ouderdom' een nieuwe uitdaging wordt, namelijk: het ouder worden tot kunst te maken wat vroeger vanzelfsprekend was. The 'Art of Ageing' in plaats van 'Anti-Ageing'.

> *"Schmid gaat ervan uit dat 'leren leven met je eigen ouderdom' een nieuwe uitdaging wordt."*

3. Worden we nu straks wel of niet 120+?

De maximale levensverwachting van de mens is vandaag vastgesteld op 120 jaar (de uitzondering van de Franse Mme Jeanne-Louise Calment, die in 1997 overleed op de leeftijd van 122 jaar, niet te na gesproken).

Volgens de Leidse hoogleraar Ouderengeneeskunde Rudi Westendorp is het einde van de levensverwachting echter nog niet in zicht.[10] Dankzij een combinatie van betere voeding, proper drinkwater, hygiëne, technische en medische innovaties, de bestrijding van infecties, een goed publiek bestuur en minder geweld is in de westerse wereld in één eeuw tijd de levensverwachting verdubbeld, van veertig naar tachtig jaar. Hij stelt dat in het menselijk DNA geen maximale leeftijdsgrens is vastgelegd. Hij gaat ervan uit dat ons leven elke week verlengd wordt met een weekend. Kinderen die nu geboren worden, maken volgens hem dan ook een goede kans om de leeftijd van 130 jaar te bereiken. Westendorp is ook pleitbezorger van de gedachte dat veroudering een ziekte is, die met gezonde leefgewoonten en medicijnen te bestrijden valt... Zijn uitspraken zijn controversieel, en worden door velen naar de prullenmand verwezen.

Onder andere geriater Johan Flamaing (KU Leuven) onderschrijft in *Knack* van 5 november 2014 de stelling van de zeventigjarige neurobioloog Sir Colin Blakemore, die in de *Daily Mail* verkondigde dat '120 jaar voor de mens wellicht een absolute leeftijdslimiet is'.[11] Hij stelt dat 120 jaar worden eigenlijk al heel flatterend is. 'We bereiken qua spiermassa, werking van onze organen, enzovoort ons hoogtepunt op de leeftijd van 30 jaar. Daarna gaat het bergaf.' En dat is allesbehalve een constructiefout: 'Ons belangrijkste levensdoel was millennialang voortplanting, onze soort laten overleven. Net dat doel – kinderen ter wereld brengen – kan elke mens tegen zijn dertigste zonder al te veel moeite bereiken. Grof gesteld zit onze taak er dan eigenlijk op, dat is ook zo in onze genen ingeschreven. De moderne mens leidt inmiddels een totaal ander leven, maar evolutie verloopt heel langzaam. Véél te traag in elk geval om op een paar generaties iets aan dat genetische verouderingsproces te veranderen.'

De sleutelvraag is volgens Flamaing dan ook of we de genen kunnen identificeren die het verouderingsproces bepalen en of we die vervolgens kunnen manipuleren om dat lange leven mogelijk te maken. Gerenommeerd geneticus Jean-Jacques Cassiman (KU Leuven) zegt in het hoger vermelde artikel in *Knack* alvast van niet: het aantal genen dat daarbij een rol speelt, is volgens hem eenvoudigweg te groot. 'Het zou wel eens de helft van ons totale genenbestand kunnen zijn.'

Hij gelooft wel in de stelling dat we binnen vijftien jaar wellicht verouderde spieren en zelfs hele organen met behulp van stamcellen zullen kunnen vervangen. Prof. Cassiman stelt echter ook dat we de veroudering en de aftakeling van ons afweersysteem niet zomaar over het hoofd mogen zien. Hij maakt dit duidelijk met een voorbeeld: 'stokoude besjes, die allerlei kankers hebben overleefd, waaraan sterven die? Aan een infectie die ze oplopen, waar hun immuunsysteem hen niet meer overheen kan helpen.' Prof. Cassiman ziet niet in hoe we dat ooit kunnen manipuleren. En willen we dat überhaupt ook wel, vraagt hij zich verder af. De hamvraag hierbij is: moeten we de kwaliteit van het ouder worden niet verbeteren in plaats van in te zetten op levensverlenging?

Welke richting het allemaal uitgaat, is onduidelijk. Miljarden dollars worden in ieder geval besteed aan celvernieuwing en verjongingsmechanismen. De biologische gerontologie *boomt*... Het zal dus nog een hele tijd duren vooraleer de nieuwe hobby van de senior bestaat uit 'rimpels lezen'.

> *"De hamvraag hierbij is: moeten we de kwaliteit van het ouder worden niet verbeteren in plaats van in te zetten op levensverlenging?"*

4. Nog straffer: worden we straks 150?

Op 8 augustus 2016 verscheen in *De Morgen* een schitterend artikel over levensverwachting. Onder andere volgende uitspraak van Liliane Schoofs, vicerector van de KU Leuven en professor neurobiologie, trok de aandacht: 'van de baby's van vandaag zullen er een aantal honderdvijftig jaar worden'.[12]

Klopt deze boude stelling van Schoofs? Volgens collega-wetenschappers alvast niet. 'Iedereen leek zo verbaasd over mijn uitspraak,' zegt Schoofs er zelf over, 'maar voor mij is het vanzelfsprekend. Een onderschatting zelfs. Op honderddertig jaar tijd is de levensverwachting van de mens verdubbeld, van veertig tot tachtig jaar. De wetenschap evolueert de laatste decennia zo razendsnel, dat die leeftijd alleen maar zal stijgen. Niet iedereen zal honderdvijftig worden, maar een aantal mensen wel.'

Complete onzin of realiteit? Een rondvraag bij experts en een duik in de literatuur leert ons dat de realiteit niet zwart-wit is. Zo zijn er zeker nog wetenschappers die de stelling van Schoofs ondersteunen. Ook zij kijken daarbij naar de leeftijdscurve, die de voorbije decennia de hoogte is ingeschoten. Ze gaan ervan uit dat die in 2200 op honderdvijftig jaar zal afkloppen.

De vraag is vooral of je die curve zomaar kunt doortrekken. Nederlandse wetenschappers van het Centraal Bureau voor de Statistiek (CBS) menen van niet. 'Onwaarschijnlijk en theoretisch, zo'n extreem cijfer. Sciencefiction,' tekende statisticus Joop Garssen in de *Volkskrant* op. Hij voorspelde in 2007 een afvlakking. De grote winsten bij levensverwachting waren toen volgens hem geboekt (terugdringen van de babysterfte, het succes van vaccins, de toegenomen welvaart en betere voedingspatronen). Zullen we er nog op vooruitgaan? Wellicht wel, maar niet in hetzelfde tempo. Het laaghangende fruit is volgens hem al geplukt.[13]

Hoe komt prof. Schoofs dan tot zo'n gewaagde stelling? Haar uitspraak is mee gestoeld op haar onderzoek bij C. elegans, rondwormen van 1 millimeter. 'Door hen een specifiek medicijn, metformine, toe te dienen, leven ze 30 procent langer en in goede gezondheid.' Schoofs en haar team ontrafelden recent hoe deze vertraging van veroudering in zijn werk gaat. 'Wormen zijn natuurlijk geen mensen, maar de geneeskunde is toch altijd vooruitgegaan dankzij proefdierenonderzoek. Inmiddels lopen er beloftevolle metformine-trials op mensen in de Verenigde Staten. De eerste resultaten zijn positief,' zo meent Schoofs.

Die wormen worden regelmatig aangehaald als hét bewijs dat ook de mens er de komende tijd nog een pak jaren kan aanbreien. 'Maar wormen zijn geen mensen,' zegt geneticus Bruce Poppe (UZ Gent). 'Bij proefdieren kun je de levensduur onder heel gecontroleerde omstandigheden verlengen. Het menselijk organisme is een pak complexer. Zelfs al zouden we in staat zijn om ziektes zoals kanker, diabetes of alzheimer het hoofd te bieden, dan garandeert niks dat er geen nieuwe ziektes de kop opsteken. Zullen we ooit 150 jaar worden? Wie weet. Het is een aangenaam vooruitzicht. Maar de toekomst voorspellen is geen wetenschap.'

Ook collega-professor Jo Vandesompele (UGent) vindt die honderdvijftig jaar onwaarschijnlijk. 'Ik denk dat hier een zeer optimistisch en mogelijk naïef beeld opgehangen wordt. We weten gewoon nog niet goed welke eigenschappen bijdragen tot langer leven en ziekte.'

Socrates zei het al lang voor ons: 'ware kennis bestaat erin te weten dat men niets weet'...

5. De verzilveringstsunami in cijfers

Dat België ondertussen vergrijst of – om het met een mooier woord te zeggen – verzilvert, is een feit en dat dan nog wel in een snel tempo. Het Federaal Planbureau in België voorspelt in de Bevolkingsvooruitzichten 2007-2060 dat de gemiddelde leeftijd van de bevolking in België over de periode 2000-2060 met meer dan vijf jaar zal toenemen (4,4 jaar vanaf 2007) tot 45 jaar in 2060 (aangenomen wordt dat de gemiddelde levensverwachting van de Belgische vrouw dan 89 en die van de Belgische man dan 87 jaar zal zijn). Het aantal 65-plussers zou in 2050 ruim drie miljoen bedragen. Dat is een kwart van de Belgische bevolking.

De intensiteit van de vergrijzing, dat wil zeggen het aandeel van de 80-plussers in de groep van de 65-plussers, zal in België lichtjes stijgen als gevolg van de hogere levensverwachting, namelijk tot 39,21% in 2050 tegenover 39,01% nu. Dat betekent dat tussen 2000 en 2060 de bevolking van meer dan 80 jaar met bijna een miljoen personen zal toenemen.[14]
De bevolking in België is tussen 1990 en 2013 aangegroeid met iets meer dan 1 miljoen inwoners (+12%). De aangroei in het Vlaamse Gewest bedraagt 11%, in het Waalse Gewest is het 10%. De sterkste aangroei is in het Brusselse Gewest (+20%), vooral als gevolg van de aanwezigheid van migranten, die traditioneel gezien grotere gezinnen hebben.

Volgens de officiële cijfers telde België op 1 januari 2016 in totaal 11 267 910 inwoners. Dat aantal is vrij evenredig over de geslachten verdeeld, hoewel er ongeveer 200 000 vrouwen meer dan mannen zijn. De bevolkingsdichtheid komt neer op 363 inwoners per km^2.[15] Het noorden van het land is echter veel dichter bevolkt dan het zuiden. De leeftijdsgroep van 18 tot 64 jaar – die ook de werkende bevolking omvat – is het best vertegenwoordigd, met 6 919 768 mensen. 2 062 561 inwoners zijn ouder dan 64 jaar. De honderdjarigen uit deze groep zijn met 1 860. De Belgische jeugd tot en met 18 jaar vormt een groep van 2 285 581 mensen.[16] De leeftijdspiramide hieronder toont duidelijk in welke mate de bevolking veroudert.[17]

Over het algemeen heeft de vergrijzing te maken met verschillende demografische ontwikkelingen die gelijktijdig plaatsvinden: de stijgende levensverwachting, het gedaalde aantal geboortes en de daling van de vruchtbaarheid ('baby crash'), het vervolg op de babyboom.

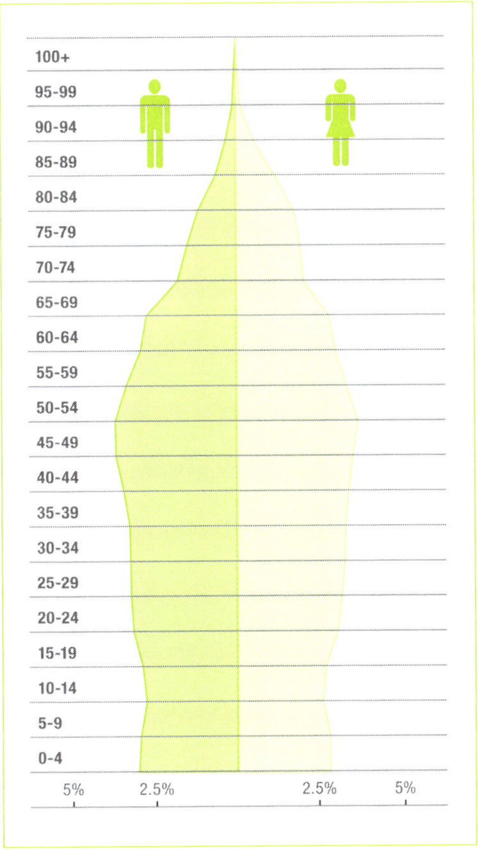

Onze westerse samenleving vergrijst dus nog steeds. De media en de reclameboodschappen maken ons dat op niet al te zachtzinnige wijze duidelijk. Zo lezen we regelmatig over een demografische tijdbom, het grijze gevaar of zelfs een 'tsunami van ouderen', woorden die verwijzen naar de sociale gevolgen van de snelle demografische veranderingen. Gelukkig klinken ook tegengeluiden zoals 'Het grijze goud' (Itinera Institute)[18] of 'Ondeugend ouder worden' (Zaki).[19]

*“Als je in verbondenheid leeft met
wat is, komt er in je leven een
intelligentie op die veel groter is
dan de kennis die het verstand
heeft verzameld.
Als je een ‘ja’ meebrengt
naar het huidige moment krijg
je toegang tot de bron van
werkelijke creativiteit.”*

~ Eckhart Tolle

HOOFDSTUK 2
HET VERBONDENHEIDS-CONCEPT...

Wanneer we met pensioen gaan, is het niet zo dat we plots totaal andere mensen worden. Toch doet een pensionering iets met een mens. Daaromtrent zijn twee theorieën al lang in omloop, namelijk de crisistheorie en de continuïteitstheorie.

De eerste theorie gaat ervan uit dat met pensioen gaan een crisis betekent: er wordt gevreesd voor het zwarte gat. Bepaalde 'profielen' van mensen zouden daar gevoelig voor zijn: diegenen die verplicht op pensioen gesteld worden, diegenen die enkel en alleen leefden voor hun werk en tot slot diegenen die enorm veel status aan hun werk ontleenden en daardoor ook veel aanzien genoten. Wanneer het werk dan wegvalt, is dat voor die mensen vaak een enorm probleem... Het gevaar van een identiteitscrisis loert om de hoek, het is een periode die gepaard gaat met heel veel stress.

De tweede theorie gaat ervan uit dat met pensioen gaan een continuïteit betekent in de levensloop van mensen, dus niet *such a big deal*. Hoewel voor deze categorie van mensen met pensioen gaan uiteraard ook een mijlpaal in hun leven betekent, gaan ze toch door met hun leven zoals ze dat gewoon waren.

> *"Hoe we aankijken tegen ons pensioen, wordt (mede) bepaald door de omstandigheden waarin we ons bevinden, hoe we in ons vel zitten en in welke mate we verbonden zijn met onszelf en met onze omgeving."*

Hier komt het woord 'verbondenheid' op de proppen. Verbondenheid is een basisattitude van de mens naar een steeds ruimer wordende omgeving toe. We kunnen een onderscheid maken tussen de volgende dimensies: de band van de mens met:

1. zichzelf;
2. de andere(n);
3. de materiële omgeving;
4. de sociale omgeving;

   en dit vanuit een basisverbondenheid met

5. de natuurlijke totaliteit, het levensgeheel.[20]

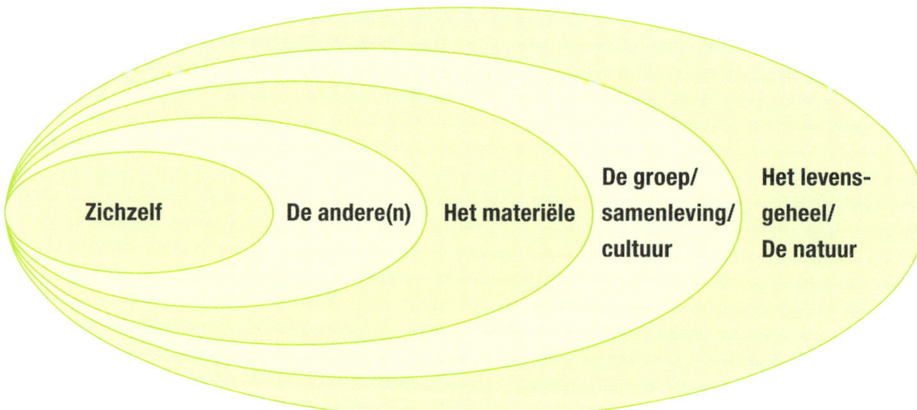

De band met de eerste vier dimensies van de omgeving gaat over de ervaring van affiniteit met het wezen van de of het ander(e), waarvan een intrinsiek appel tot respect uitgaat. In haar ruimste dimensie gaat 'verbondenheid' over het bewust ervaren van het feit dat we deel uitmaken van dezelfde kringloop van leven en dood van het grootste geheel in tijd en ruimte, de geschiedenis en de kosmos. Verbondenheid verbindt op die manier de mens met zijn eigen existentie. Dit basisgevoel, deze ervaring verandert de houding van de mens tegenover zijn dagelijkse omgeving en roept op tot een respectvolle, rechtvaardige omgang ermee.

De cirkel van het leven, de cirkelvormige lijn in het schema van hierboven, kan beschouwd worden als een stroom: de levensstroom. Ieder van ons heeft zijn eigen levensstroom, die zich een weg zoekt in de bedding van het leven. Dag na dag stroomt ons leven verder en bouwen we ons bestaan verder uit doorheen een onophoudelijke reeks van positieve en negatieve, kleinere en grotere ervaringen. Deze levensstroom heeft ook meerdere lagen: van oppervlakkig-materieel tot diep-existentieel. Wie een gezond leven heeft op zowel psychisch, fysisch, sociaal als spiritueel vlak, staat ten volle in zijn stroom en kan zijn leven volop laten stromen. Grote negatieve en positieve gebeurtenissen betekenen een breuk in de tijdsstroom van het leven. De cirkel wordt als het ware doorbroken.

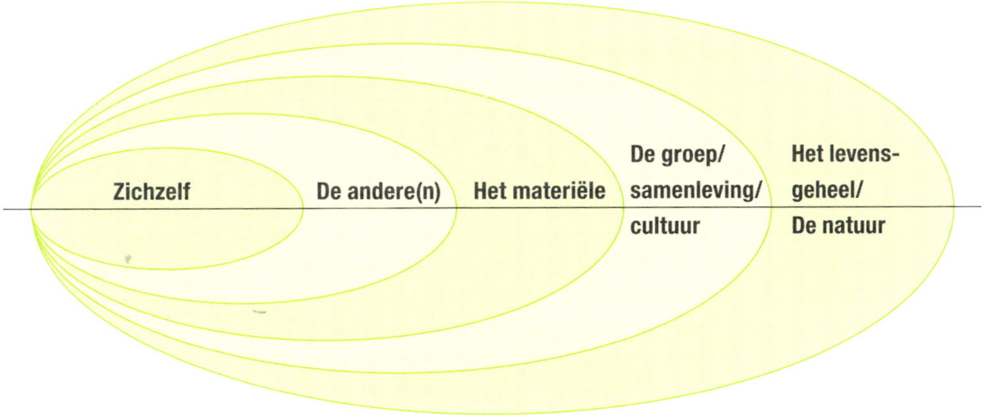

Breuken en crisissen worden soms omschreven als een 'mijlpaal' in iemands persoonlijk leven of in een bredere samenleving. Ze verdelen de tijd in een 'voor' en een 'na'. We kunnen dit herkennen op zeer uiteenlopende terreinen en zowel in de problematische als in de niet-problematische sfeer. Het kan gaan om een grote overstroming of aardbeving, een geboorte, het overlijden van een dierbare, een confrontatie met een ernstige ziekte, het behalen van een diploma, een verjaardag, een verhuis, een zwaar ongeval, 11 september 2001, een huwelijk, een echtscheiding, 22 maart 2016, een vechtscheiding en, jawel, ook pensionering...

Soms leiden deze situaties daadwerkelijk tot crisissen, tot materiële veranderingen. Soms is er uiterlijk nauwelijks iets zichtbaar veranderd, maar is het ingrijpen in het psychisch beleven van fundamentele betekenis. Dit ingrijpen in de persoonlijke levenssfeer kan zich situeren op de verschillende lagen of niveaus van deze levensstroom, zo gaat De Puydt verder[21]: het materieel-financiële niveau, het psychisch-emotionele niveau en het ethisch-existentiële niveau. Deze niveaus zijn aanwezig bij de directe betrokkenen, zoals bijvoorbeeld de partner of de kinderen, maar ook in de ruimere omgeving, zoals bijvoorbeeld de organisatie waar men dertig jaar lang werkte, of de collega's. Of iets diep of oppervlakkig ingrijpt in iemands leven is uiteraard een complex gegeven en hangt niet alleen van het gebeuren zelf af. Het hangt ook af van iemands veerkracht, iemands persoonlijke kwaliteiten om ernstige zaken een zin of plaats te geven of te integreren, maar ook van de draagkracht van zijn of haar sociale weefsel. Bij ernstige gebeurtenissen gaat het telkens om een existentiële confrontatie, om het verlies van vroegere zekerheden en houvasten en om het positieve dat veranderingen met zich meebrengen.

En wanneer het leven dreigt moeilijk te worden, zijn er nog altijd de mensen die je dierbaar zijn, is er kunst en muziek,... En om het met de woorden van Dirk De Wachter te zeggen: 'dan is er nog altijd Parijs'.

> *"There is a crack,*
> *a crack in everything.*
> *That's how the light gets in."*
>
> *~ Leonard Cohen*

Pensionering is ook een van die mijlpalen, eentje dat je best een kans geeft. Geniet maar met volle teugen van de wittebroodsweken en het vakantiegevoel die de pensionering inluiden. Dit vakantiegevoel gaat immers onherroepelijk voorbij. Alles erna start met een goed idee en een strak plan. Wacht echter niet tot je vijfentachtigste om je goede intenties in gedrag om te zetten, want dan is het misschien te laat.

1. Zes generaties Vlamingen en drie generaties nieuwkomers

Nog nooit eerder waren er zoveel generaties tegelijk in leven. Nog nooit eerder waren er zoveel generaties tegelijk met pensioen. Het is een open deur intrappen om te stellen dat er verschillende 'leef-tijden' bestaan. Zo hebben we onze kalenderleeftijd (de leeftijd volgens onze geboorteakte), onze biologische leeftijd (de fysische kenmerken van een mens), onze psychologische leeftijd (onze leeftijd zoals we die zelf ervaren) en onze sociale leeftijd (de mate waarin we voldoen aan de verwachtingen die de samenleving ons oplegt).

We zijn echter niet alleen kinderen van onze ouders, maar ook van onze tijd. Zo kent ieder tijdperk een eigen maatschappelijk decor waarin zich een voor die tijd kenmerkende tijdsgeest ontwikkelt.

Vergelijkbaar met Nederland leven vandaag in België zes generaties, waarvan er drie generaties tot de zogenaamde 'senioren' of 'oudere volwassenen' behoren.[22] Een generatie omvat een serie van ongeveer vijftien jaargangen van alle nieuwgeborenen in een samenleving, die in de eerste vijftien jaar van het leven een gedeeld en door de tijd(geest) bepaald kader ontwikkelen en die dat collectieve kader laten doorklinken in de manier waarop zij hun verdere leven vormgeven.[23] Generaties ontstaan omdat gelijktijdig opgroeiende individuen in een bepaalde samenleving dezelfde maatschappelijke, culturele en politieke invloeden ondergaan. In de literatuur hebben de generaties door de generatiesocioloog Henk Becker verschillende benamingen gekregen. Een groot gemis hierbij is de ontbrekende aandacht voor de drie generaties nieuwkomers.

Op de pagina hierna eerst een overzicht van de zes generaties Vlamingen. Het overzicht is ontleend aan Penninx, die de zes generaties Nederlanders in kaart bracht en waarvan ik van mening ben dat deze niet anders zijn voor Vlamingen.[24]

Geboren	Naam	Kenmerken
1910-1925 GEPENSIO-NEERD	De vooroorlogse generatie	De jeugdwereld bestond uit het dorp, de buurt, de straat waar je woonde, de geloofsgemeenschap waartoe je behoorde en de school die je bezocht als je al niet hoefde te werken om bij te dragen aan het gezinsinkomen. Mensen leefden in een kleine en besloten wereld.
1925-1940 GEPENSIO-NEERD	De stille generatie	Ook deze generatie had geen gemakkelijke jeugd. Ze groeide op in de spanning van de crisisjaren van de jaren dertig en WO II. Om te kunnen overleven was het 'wij'-gevoel heel belangrijk, vooral in functie van de wederopbouw van het land.
1940-1955 GEPENSIO-NEERD	De protestgeneratie (ook wel babyboomgeneratie of sandwichgeneratie genoemd)	De voelbare hoop op nieuwe tijden was sterk aanwezig. Nadien toonde die generatie de vrijheid en individualiteit waarmee zij haar eigen weg ging.
1955-1970 DE EERSTEN GAAN MET PENSIOEN!	De generatie X	Gekregen kansen moeten goed benut worden! Deze generatie is bescheidener, heeft minder overtrokken verwachtingen, is minder ideologisch, hecht minder belang aan politiek protest, heeft een nuchtere kijk op het leven en is flexibel.
1970-1985	De millenials	Zij zijn het middelpunt van de wereld, met steeds verder wijkende grenzen. 'Moeten kunnen' zijn de gevleugelde woorden.
1985-2000	De generatie Einstein	Deze generatie denkt digitaal, ziet gemakkelijk nieuwe verbindingen, schakelt snel, is communicatief en heeft een groot vermogen tot samenwerken en delen.
2000-2015	'Under construction' (I Generation? Gen Wii? Digital Natives?)	

2. Van generaties naar generatiedialogen: age included!

Ondanks de hierboven vermelde arbitraire verdeling in generaties, is er op vandaag sprake van wat we noemen een 'levensloopverwarring' en een 'leeftijdsloze samenleving'. We sluiten aan bij de analyse die collega-gerontoloog Laura Christ hieromtrent heeft gemaakt: 'als je boven de honderd bent, dan kun je met een gerust hart zeggen dat je 'oud' bent, maar hoe zit het dan in de jaren daarvoor? Je kunt lid worden van een ouderenorganisatie vanaf je vijftigste. Het arbeidsbureau heeft het over ouderen die moeilijk aan werk komen en zet een project op voor 55-plussers. De vakbond en uitzendbureau Tempo Team spreken over 45-plussers. De cijfers van het Planbureau in België en het CBS in Nederland gebruiken voor hun prognoses over de demografische veranderingen en de levensverwachting de grens van de pensioneringsleeftijd, die nu al 67 jaar bedraagt. Maar we weten allemaal dat het bereiken van de pensioengerechtigde leeftijd allang niet meer het duidelijke markeringspunt is voor oud zijn dat het lange tijd wel was. In het sport- en verenigingsleven, in de media, overal zien we de aanduiding 50-plus, ook daar waar het duidelijk is dat in feite een veel oudere doelgroep wordt aangesproken. Het illustreert de paradoxale situatie waarin we zitten: terwijl we steeds langer leven, er van ons verwacht wordt dat we langer doorwerken, worden we steeds vroeger 'oud' verklaard. Als we over 'ouderen' praten (maar deze term mogen we als gerontoloog al lang niet meer in de mond nemen) dan hebben we het in feite over een zeer heterogene en diverse groep mannen en vrouwen, die van elkaar verschillen in leeftijd, levensstijl, opleiding, achtergrond, maar ook in hun denken, behoeften, vragen en wensen. Steeds minder voegen de levens van mensen zich naar leeftijdsgebonden collectieve voorzieningen (onderwijs, werk en sociale zekerheid). Tegenwoordig wordt uitgegaan van een levensloopbenadering, waarin mensen meer keuzevrijheid hebben om werk, zorg, opleiding en vrije tijd over hun leven te verdelen. Dat is ook te zien aan de wet- en regelgeving, die steeds meer individueel is en op maat gesneden.'[25]

Anno 2017 kunnen we zeggen dat alleen de kinderjaren zijn gebleven. Van een 21-jarige internetmiljonair kijkt niemand nog op. Een goed idee, een pittig logo, voldoende volgers op internet, een aangepaste app en je kan tot de superrijken behoren. Kijk maar even naar de vele start-ups! Veel dertigers zijn single en hebben last van het zogenaamde 'dertigers-dilemma'.

Getrouwd zijn is niet langer de norm en met veertig ben je hiervoor zeker niet te oud. Echtscheidingen, vechtscheidingen, eenoudergezinnen, nieuw samengestelde gezinnen (patchworkfamilies), nestklevers, boemerangkinderen: we zijn eraan gewend geraakt. We kennen vijftigers die het roer omgooien, een nieuwe relatie beginnen of een B&B opstarten in Italië, 65-jarige studenten op de collegebanken van universiteiten, 60-jarige kersverse moeders, 70-jarigen die een bedrijf beginnen, 80-jarigen die hun schildertalent ontdekken, een 90-jarige die promoveert en een 100-jarige die meewerkt aan een tv-programma bij de BBC over 'nieuwe doelen in het leven'. Oma's en opa's worden mammie en pappie of moeke en vake genoemd. Hele mechanismen treden in werking om toch maar niet het drieletterwoord 'oud' uit te moeten spreken.

In een discussie op internet (Senior-web) van enkele jaren terug riep columniste Heleen Crul mensen op om mee te praten over die enorme variatie in de menselijke levensloop en ze bedacht er zelfs een nieuwe term voor: 'levensloopverwarring'. Niets ligt meer vast, banen voor het leven bestaan niet meer, relaties zijn vaak tijdelijk, zwanger worden op een leeftijd waarop je moeder oma werd: het kan allemaal.

> *"Tegenwoordig wordt uitgegaan van een levensloopbenadering, waarin mensen meer keuzevrijheid hebben om werk, zorg, opleiding en vrije tijd over hun leven te verdelen."*

Emma Brunt zegt hierover in haar boek 'Onwijs oud'[26] dat hedendaagse ouderen weigeren om hun werkelijke leeftijd onder ogen te zien. Zij verhullen hun leeftijd achter woorden als 'vitale senioren' of 'jongeren boven de vijfenvijftig', aanduidingen die bij haar op de lachspieren werken. In Vlaanderen is de situatie nog erger. 85-plussers noemen zich met gemak een 50-plusser. Oma's en opa's worden inderdaad moeke, vake, omoe en opoe genoemd. Om toch maar niet de verwijzing te maken naar het ouder worden...

“In die zin is iedereen ‘leeftijdsloos’ geworden en is het besef dat elke leeftijd zijn eigen charmes en functies heeft compleet zoekgeraakt.”

Heleen Crul citeert graag de schrijfster Renate Dorrestein – en wij met haar – die deze verhullende woorden een collectieve vlucht noemt, die zij verklaart als een generatieverschijnsel. Grote schuldige is ‘de maakbaarheidsideologie’ uit de jaren zestig en zeventig, toen de jeugdcultuur werd uitgevonden. Het is de gedachte van het geperfectioneerde, niet aan slijtage onderhevige lichaam en het *forever young* willen zijn (cfr. hoofdstuk 1) waarop de huidige generatie ‘babyboomers’ het patent meent te hebben, aldus Dorrestein. Ook Brunt haalt uit naar haar generatiegenoten: ouderen proberen er zo jong mogelijk uit te blijven zien, terwijl de échte kleuters erbij lopen als vamps van vijf en strings dragen. In die zin is iedereen ‘leeftijdsloos’ geworden en is het besef dat elke leeftijd zijn eigen charmes en functies heeft compleet zoekgeraakt.[27]

De babyboomers en de generatie X gaan nu massaal met pensioen. Zij leven alvast gemiddeld langer dan diegenen die in 1970 vijfenzestig jaar werden. Dat betekent dat de babyboomers en de generatie X extra jaren hebben waarin ze met pensioen zijn. De meesten onder hen genieten ook van een betere gezondheid gedurende hun leven, plannen zelf graag hoe hun pensioen eruit zal zien. Ze werken ook langer en hebben meer twijfels over ‘rondkomen’ dan andere generaties. Ze hebben namelijk een bepaalde levensstandaard opgebouwd en vrezen dat die door inkomensvermindering op de helling zal komen te staan, net nu ze tijd hebben om meer te genieten. De schrik zit er bij velen goed in. Het progressieve optimisme van de jaren zestig, in combinatie met een romantisch ‘samengevoel’ en solidariteit leidt tot het miskennen van toenemende signalen van onrust over de toekomst van de mei 68’ers: het pensioen. Vandaar dat er vaak een reactionaire behoudzucht ontstaat ten opzichte van wensen en verlangens die moeten worden gefinancierd met allerlei nieuwe premies. De verburgerlijking van vele hippies is een feit.

Hoe ver kunnen we gaan? Het nadeel van de genotscultuur en de leeftijdsloze samenleving is dat er een race om populariteit is ontstaan. De filosofe Susanne Piët vat het heel mooi samen: 'je bestaat eenvoudigweg niet als je niet publiceert.[28] Als je geen volgers op Facebook hebt, als niemand je kiest of 'liket', als niemand naar je kijkt, als je daarmee gepest wordt, hoe kun je dan met jezelf leven? Dat je pas voor vol wordt aanzien als je doet wat de bladen en de sociale media je voorschrijven, als je huis perfect gestyled is, als je zelf in alle rollen overeind blijft staan en ook nog weet wat er te koop is, levert grote stress op. Geen wonder dat vele mensen even 'uit de lucht' gaan. Niet voor niks ook dat de mindfulness- en yogacursussen vollopen. En ja: ook bij jonggepensioneerden is het 'in' om je in te schrijven voor een cursus 'wandelcoaching', 'natuurcoaching' of 'storytelling'.

Ard Sprinkhuizen en Margot Scholte stellen in het nieuwe boek van Kees Penninx[29] dat 'oud' zijn niet meer is wat het geweest is. Vroeger was iedereen verzekerd van een 'onbezorgde oude dag'. 'Ouden van dagen' konden in 'bejaardencentra' hun levensavond in alle rust slijten. Nu krijgen we een situatie waar veel senioren zélf niet meer in willen verkeren. De huidige generaties senioren worden niet alleen gezonder oud, ook kunnen zij zich niet onttrekken aan de bewegingen die de tijdsgeest kenmerken: ze zijn ook individualistischer, actiever, mobieler, assertiever, welvarender en als groep veel meer gefragmenteerd. Selfies worden aan de lopende band gemaakt; de cursussen sociale media voor senioren zitten overvol.

Uit eigen onderzoek[30], dat al 11 jaar oud is, is echter gebleken dat één groep senioren systematisch uit de boot valt, namelijk de groep van de kwetsbare senioren. Dit zijn dan vooral de allochtone senioren, de arme senioren, de senioren met een beperking... Er is alvast één uitgangspunt: de culturele, etnische en socio-economische achtergrond van senioren in de 21ste eeuw is zeer divers. Er zijn bovendien jong-senioren en oud-senioren, er zijn senioren met of zonder zorgbehoevendheid en er zijn verschillende opvattingen over de definitie van ouderdom. De diversiteitscirkel die ik ooit opmaakte om het beleid wakker te schudden, heeft nooit veel aandacht getrokken. Toch wil ik die hier even opnieuw in beeld brengen, zodat we niet vergeten dat diversiteit belangrijk is!

Dit alles maakt van de groep senioren een bijzonder diverse groep, waarin elk individu zijn eigen pad bewandelt.

Draai of keer het zoals je wil: mensen die met pensioen zijn, willen niet meer leven aan de rand van de maatschappij. De *disengagement*-theorie die in de jaren zestig de boventoon voerde, is al lang naar de prullenbak verwezen. Senioren willen zich niet meer onthechten van de maatschappij en de maatschappij kan zich niet meer onthechten van deze belangrijke groep van mensen. Senioren willen ook niet meer zo bekeken worden door de media. Ze willen meetellen. Of het nu gewoon is om te genieten of om een steentje bij te dragen aan de maatschappij: ze willen 'zien' en 'gezien worden'. De tijd is voorbij dat gepensioneerden achter de geraniums zaten.

3. Welzijnsrecept voor jong en oud: veerkracht!

De samenleving is multicultureel en divers. We kunnen er maar beter aan wennen en de krachtbronnen halen waar ze zitten: bij de mensen zelf. Ons welbevinden bevorderen, is zeer belangrijk voor het individu, het draagt bij tot onze veerkracht.

Veerkracht is het vermogen om je aan te passen aan stress en tegenslag en daar misschien zelfs sterker uit te komen. Het gaat niet enkel over 'terug-veren' naar de oorspronkelijke positie, maar ook om doorgroeivermogen!

Onderzoek toont aan dat mensen die geconfronteerd worden met ingrijpende of levensbedreigende gebeurtenissen beschrijven hoe hun leven – naast de pijn en het ongemak die traumatische gebeurtenissen met zich meebrengen – ook op een positieve manier veranderd is als resultaat van zo'n gebeurtenis. Het laat zelfs zien dat het meemaken van negatieve gebeurtenissen een van de manieren is waarop we als mens groeien.

Op www.fitinjehoofd.be vind je 10 stappen om veerkrachtiger te worden. Deze stappen gelden voor jong en oud.[31]

1. Vind jezelf oké (je bent uniek en de moeite waard. Je hoeft daarbij helemaal niet perfect te zijn).
2. Praat erover (als je met dingen zit, krijg je er vat op als je er met anderen kan over praten).
3. Beweeg (in plaats van te piekeren kan je een bewegingsactiviteit doen die je graag doet).
4. Probeer iets nieuws (je hoeft geen kunstenaar zijn. Iets nieuws proberen geeft je het gevoel dat je uniek bent en dat je echt leeft).
5. Reken op vrienden (er is niets dat meer kracht geeft dan je door je vrienden aanvaard en begrepen te voelen).
6. Durf nee te zeggen (als je nee durft te zeggen, ervaar je jezelf als iemand met eigen gevoelens en een eigen wil).
7. Ga ervoor (durf je te engageren. Immers, wie opgaat in een activiteit vergeet even zijn beslommeringen en krijgt het gevoel dat hij echt leeft).
8. Durf hulp te vragen (je kunt niet alles zelf. Ga bij jezelf na waarvoor je precies hulp nodig hebt en wie je daarvoor best kunt aanspreken).
9. Gun jezelf rust (maak regelmatig een moment vrij voor jezelf en las activiteiten in die je helpen om tot rust te komen).
10. Hou je hoofd boven water (leef gewoon van dag tot dag en wees niet te hard voor jezelf).

Zelf zou ik er nog een elfde item aan willen toevoegen: durf de schoonheid van de imperfectie te omarmen (Wabi Sabi).

“Hoe je over jezelf denkt is veel belangrijker dan hoe anderen over je denken.”

~ Lucius Annaeus Seneca

HOOFDSTUK 3
VERBONDENHEID MET JEZELF

Wereldreis[32]

Ik heb een avond rondgezworven door de straten van mijn ziel
Met een rugzak vol van heimwee en verlangen
Ik heb gedronken met m'n onrust
En gelachen met mijn pijn
Ik heb geslenterd met mijn dromen die niet uitgekomen zijn
Ik heb een avondlang gezworven door mijn ziel

Ik heb een wereldreis gemaakt door het diepst van mijn gedachten
En ik heb elke uithoek van mezelf bezocht
Ik heb geslapen met m'n twijfels
En gedanst met mijn geweten
Met mijn oude idealen bij het maanlicht opgezeten
Ik heb een wereldreis gemaakt door mijn gedachten

Ik heb een avond lopen dwalen door de kamers van mijn hart
Ook al waren die vaak bloedeloos en leeg
Ik heb gevochten met m'n angsten
En gefeest met mijn verlangen
Ik heb de kale witte muren met mijn liefde volgehangen

En nu ben ik net een paar minuten terug van weggeweest
Ik heb mijn rugzak zomaar in een hoek gesmeten
En zie de beelden van de reis naar mijn geweten
Het is een reis geweest om nooit meer te vergeten

(Liesbeth List)

Sommige culturen – en daar reken ik ook de onze toe – zijn eerder individualistisch ingesteld. Andere zijn meer collectivistisch ingericht. Grosso modo komt het erop neer dat de westerling zichzelf als meer onafhankelijk ziet en op zichzelf focust. Maar ondanks het feit dat onze maatschappij nogal egocentrisch is ingesteld, kijken we vaak weinig kritisch naar onszelf. Het mantrum van veel pas gepensioneerden is 'genieten, genieten en nogmaals genieten'.
Uit onderzoek van de Koning Boudewijn Stichting in 2012 is gebleken dat de meerderheid van de mensen die met pensioen gaan niet bezig zijn met de voorbereiding van hun pensioen (zie hieronder).

Moet dit dan?
Alles kan, niets moet. Maar zullen we wachten tot we de gemiddelde leeftijd van 85 jaar bereikt hebben om nog alles te doen wat we wilden doen? Dat lijkt me nu ook niet zo'n strak plan... Met pensioen gaan, is een stukje op weg gaan met jezelf. Met andere woorden vroeger nadenken over later, kijken wat je 'wint' en 'verliest', je zelfportret kritisch bekijken en de rugzak van je leven bestuderen. Ik ga hieronder een voor een dieper in op die verschillende aspecten.

1. Vroeger nadenken over later...

De Koning Boudewijn Stichting was er in 2012 al van overtuigd dat het interessant is om 'vroeger na te denken over later'. Daarom werden de positionering en de verwachtingen van de algemene Belgische bevolking over de planning van de latere levensjaren in een beleidsdocument gegoten.[33]
De context van waaruit het onderzoek was gestart, was drieërlei van aard:

- De levensverwachting die met dertig jaar is gestegen op een eeuw tijd.
- De inzichten dat het nuttig is om deze levensfase voor te bereiden.
- Het is goed om instrumenten te ontwikkelen ter bevordering van de dialoog.

De doelgroep voor het onderzoek bestond uit een steekproef van de Belgische populatie tussen 40 en 75 jaar. De grootte en samenstelling van de steekproef zat als volgt in elkaar: tussen 25 oktober en 8 november 2012 werden

1 009 personen tussen 40 en 75 jaar bevraagd, waarvan 405 in Vlaanderen, 402 in Wallonië en 202 in Brussel. Er werden twee deelsteekproeven opgesteld, namelijk: een online bevraging voor de 40- tot 59-jarigen bij 509 personen en een telefonische bevraging voor de 60- tot 75-jarigen bij 500 personen.

> "Een op de drie Belgen tussen 40 en 75 jaar spreekt over zijn leven na het actieve beroepsleven."

De vragenlijst bevatte thema's zoals de voorstelling van het leven na het actieve beroepsleven: wat betekent het? / Spreken over het leven na het actieve beroepsleven: wordt hierover gesproken? Met wie en over welke onderwerpen? / Voorbereiding van het leven na het actieve beroepsleven: wat moet men voorbereiden voor het leven na het actieve beroepsleven?

De belangrijkste resultaten aangaande het thema 'spreken over het leven na het actieve beroepsleven' waren dat een op de drie Belgen tussen 40 en 75 jaar over zijn leven na het actieve beroepsleven spreekt. Het profiel van deze 34% van de respondenten behoort tot de hogere sociale klasse, heeft een diploma hoger onderwijs, is professioneel actief, is samenwonend en verkeert over het algemeen in goede gezondheid.

De belangrijkste resultaten aangaande het thema 'gespreksonderwerpen' waren dat voor de pensioenleeftijd men geen algemeen beeld heeft van het leven na het actieve beroepsleven, men vestigt zijn aandacht op vrijetijdsactiviteiten (69%), gezondheid (63%) en pensioenplannen in het algemeen (62%). Eens men met pensioen is, blijven vrijetijdsactiviteiten een aangenaam onderwerp, maar ook andere thema's duiken op. Vooral bij vrouwen steekt het thema 'zorg' de kop op!

De belangrijkste resultaten aangaande het thema 'taboeonderwerpen' waren dat zes op de tien Belgen tussen 40 en 75 jaar taboeonderwerpen hebben over de latere levensjaren. Ziekte is daarbij het belangrijkste taboeonderwerp. Fysieke en psychische achteruitgang volgen daarna als taboeonderwerpen bij minstens 4 op de 10 Belgen. Ziekte en dood is bij 40- tot 59-jarigen een groter taboe dan bij 60- tot 75-jarigen. De 60- tot 75-jarigen vermelden ook taboes betreffende het feit dat ze niet langer alleen thuis kunnen blijven wonen, het gevoels- en liefdesleven en de nalatenschap van het vermogen.

De belangrijkste resultaten aangaande het thema 'voorbereiding van het leven na het actieve beroepsleven' zien er als volgt uit: negen op de tien Belgen wil er ten eerste voor zorgen dat men genoeg inkomsten zal hebben; ten tweede dat men gezond blijft en ten derde dat men vrijetijdsactiviteiten heeft. Men bereidt de 'oude dag' voor eens men met pensioen is, niet vroeger, tenzij bijzondere omstandigheden ons daar eerder toe dwingen.

Verder zijn de belangrijkste resultaten aangaande het thema 'treffen van voorbereidingen voor na het actieve beroepsleven' de volgende: voor het pensioen beperkt de voorbereiding zich tot het zich inschrijven op pensioensparen of een levensverzekering. Na het pensioen is de voorbereiding ruimer en omvat die ook onderwerpen als gezondheid, vrijetijdsactiviteiten, hobby's of nalatenschap. Het is pas wanneer men met pensioen is dat men die levensfase voorbereidt.

De belangrijkste resultaten ten slotte aangaande het thema 'redenen om de latere levensjaren niet voor te bereiden' zijn de volgende: zes op de tien vindt het vroeg genoeg om dit te doen als ze effectief met pensioen zijn. Hoewel het nog geen deel uitmaakt van de gewoonten van de meeste Belgen, verschijnt de voorbereiding van het leven na het pensioen toch steeds meer in de geesten.

Eén resultaat blijft echter in mijn hoofd tollen, namelijk dat slechts 34% van de Belgen een levensproject heeft voor na het pensioen. Zoals hierboven al gestipuleerd, is het inderdaad niet absoluut noodzakelijk om een levensproject te hebben voor na het pensioen. Maar veel plannen worden gemaakt en nooit uitgevoerd. Mensen blijken daar achteraf vaak spijt over te hebben.

Een anekdote...

Gedurende een aantal jaar ging ik rond de Valentijdsperiode met groepen studenten naar een woonzorgcentrum in West-Vlaanderen. Elk jaar opnieuw werd in de aanloop naar deze dag een groep senioren zonder cognitieve beperkingen samengeplaatst. Ze werden uitgenodigd om hun dromen te 'vangen', deze op een papiertje te schrijven en de papiertjes in rode ballonnen te stoppen.

Zoals je misschien weet, is de gemiddelde leeftijd van bewoners van woonzorgcentra vandaag de dag 85 jaar...

De vier belangrijkste dromen die werden opgeschreven, waren gezond blijven, meer bezoek krijgen van kinderen en kleinkinderen, de lotto winnen en nog een wereldreis maken.

Wacht ook jij tot je 85ste om je dromen te vangen?

Tijdens cursussen *Voorbereiding op Pensioen* filosoferen we over bovenstaande items. Een aantal cursisten schreven eind 2016 neer wat pensionering met hen doet. Wat blijkt? Pensionering is allesbehalve een verhaal van 'bij de pakken blijven zitten'!

'Wat ik geleerd heb in de cursussen VOP is: stel niet uit wat je wil doen.'

'De cursus heeft me het inzicht gegeven dat ik nog kan dromen en passies kan hebben en dat ik via het opmaken van een bucketlist weer nieuwe plannen kan maken voor een doorstart na het pensioen.'

'Ik ben me er door de cursus VOP bewust van geworden dat het goed is dat we actief blijven. Ik ben me er ook bewust van geworden dat we nog veel kanten uit kunnen na het pensioen. We kunnen nog veel horizonten ontdekken.'

'We kunnen na pensionering elke dag leven alsof het onze laatste dag zou zijn. We kunnen ook ons leven inrichten alsof we nooit zouden sterven.'

'Door de cursus VOP ben ik tot het inzicht gekomen dat het leven nog veel inhoudt na pensionering, en zo zijn er veel nieuwe ideeën ontstaan.'

'Door de cursus heb ik ingezien dat pensioen niet enkel 'oud worden' hoeft te betekenen.'

'De VOP-cursus doet nadenken over hoe we onze tijd kunnen invullen na pensioen.'

'De VOP-cursus zet aan tot actie, maar ik ben me ervan bewust geworden dat het goed is om een plan te hebben zodat we niet in het wilde weg gaan schieten. Eerst kijken naar het kompas en dan pas naar het uurwerk is een interessante gedachte.'

'Door de VOP-cursus ben ik me bewust geworden van nieuwe kansen en nieuwe uitdagingen. Ik wil actie ondernemen. Daarbij zal het niet alleen belangrijk zijn om te zeggen wat ik doe, maar het ook effectief uitvoeren. Ik zal eerst genieten van mijn 'wittebroodsweken' en pas nadien mijn leven structureel weer vorm geven. Ik heb er zin in.'

'Nu is mij duidelijk geworden dat pensioen geen eindpunt maar enkel een mijlpaal is, en dus zeker geen eindpunt. Ik zal de raad opvolgen om nu en dan eens een symbolische kader aan de muur te hangen en vanop een afstand de invulling van mijn leven kritisch bekijken.'

Het psychisch welbevinden wordt uiteraard mee bepaald door de subjectieve beleving van welzijn, autonomie, de competentie en de mate van verwezenlijking van de eigen intellectuele en emotionele mogelijkheden. Bij een optimale psychische gezondheid is er sprake van succesvol functioneren, bevredigende relaties met anderen en de mogelijkheid tot aanpassen en omgaan met tegenslagen.

Het subjectief welbevinden omvat de evaluatie van het leven; uiteraard niet van het leven zelf maar van hoe je het leven ervaart! Daarom is het interessant om regelmatig, en zeker als je met pensioen gaat, kritisch naar je zelfportret te kijken.

2. Je zelfportret kritisch bekijken!

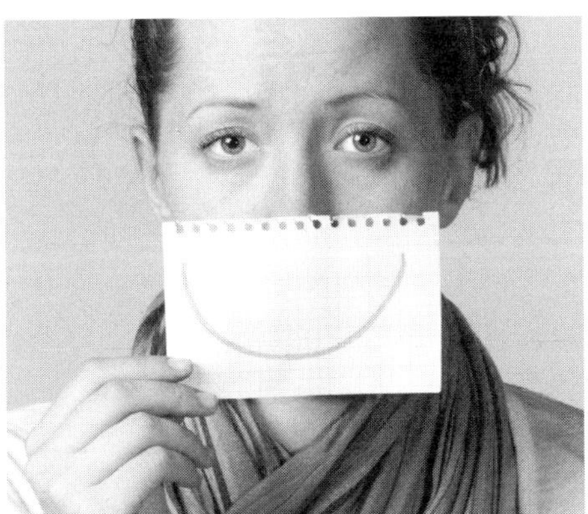

De ontwikkeling van individuen gebeurt doorheen het leven meestal geleidelijk aan, soms echter ook met schokken. Bij een 'schok' ruil je het bekende in voor het onbekende en het onzekere. Typisch voor zo'n schok is dat je een balans opmaakt, terugblikt, onder woorden brengt wat goed was en wat niet. Wie een positief resultaat haalt, kan een streep trekken onder zijn verleden. Wie dit niet doet of kan, blijft in het verleden leven. Om het met de woorden van de ontwikkelingspsycholoog en psychoanalyticus Erik Erikson (1902-1994) te zeggen: iedere fase in de psychosociale ontwikkeling van de mens wordt gekenmerkt door een conflict. Dit conflict moet op positieve wijze opgelost worden voordat het individu kan doorgaan naar de volgende fase. Conflict staat hier voor een levenstaak die een persoon als het ware moet volbrengen eer hij toe is aan de volgende taak. Elke fase bestaat uit twee tegenpolen (tegenstellingen), die in het gunstige geval uitmonden in een 'deugd' of 'vitale sterkte'. In het ongunstige geval stagneert de persoonlijkheidsontwikkeling, waarbij de persoon in de fase blijft steken, het conflict wordt niet uitgewerkt.

Fase	Leeftijd	Levenstaak	Deugd
Zuigelingenfase	Geboorte tot 18 maanden	Vertrouwen versus fundamenteel wantrouwen	Hoop
Peuterleeftijd	18 maanden tot 3 jaar	Autonomie versus schaamte en twijfel	Wil
Kleuterleeftijd	3 tot 5 jaar	Initiatief versus schuldgevoel	Doelgerichtheid
Basisschoolleeftijd	6 tot 12 jaar	Vlijt versus minderwaardigheid	Competentie
Adolescentie	12 tot 18 jaar	Identiteit versus identiteitsverwarring	Trouw
Vroege volwassenheid	18 tot 35 jaar	Intimiteit versus isolement	Liefde
Middelbare volwassenheid	35 tot 55 à 65 jaar	Generativiteit versus stagnatie	Zorg
Late volwassenheid	55 à 65 jaar tot de dood	Ego-integriteit versus wanhoop	Wijsheid

Ons karakter kan beschreven worden door van de vijf dimensies – in de psychologie bekend als de 'Big Five'[34] – aan te geven of ze meer of minder van toepassing zijn. Deze vijf dimensies zijn: OCEAN (openness, conscientiousness, extroversion, agreeableness, neuroticism):

1/ Openheid tegenover introversie
2/ Mildheid tegenover bazigheid
3/ Ordelijkheid tegenover wanonderlijkheid
4/ Emotionele stabiliteit tegenover emotionele instabiliteit
5/ Intellectuele autonomie tegenover afhankelijkheid

> "Hoe we in het leven staan, heeft natuurlijk ook deels met ons karakter te maken."

Volgens Dick Swaab[35] wordt de erfelijkheid van elk van de vijf persoonlijkheidskenmerken geschat op tussen 33 en 65%. De rest van het karakter wordt volgens hem gevormd tijdens de vroege ontwikkeling. Wil je dus succesvol zijn in het leven, dan moet je volgens Swaab behalve een redelijk hoog IQ en nieuwsgierigheid, ambitie en motivatie ook een goede mix van de Big Five hebben.

In ieder geval veranderen de persoonlijkheidskenmerken slechts weinig tijdens het leven en stabiliseren ze zich geheel op middelbare leeftijd. Genetische factoren bepalen de persoonlijkheidskenmerken vooral bij jongeren, terwijl omgevingsfactoren gedurende het hele leven een effect kunnen hebben. De relatieve bijdrage van erfelijkheid neemt daardoor af met de leeftijd.

Het ouder worden en je ontwikkeling gebeurt meestal geleidelijk. Bij bepaalde mensen verloopt het ontwikkelingsproces met schokken, ups en downs.

3. Met pensioen: een spel van 'winnen' en 'verliezen'

Het blijft een gegeven dat mensen gedurende hun hele levensloop geconfronteerd worden met ups en downs, met 'winsten' en 'verliezen'. Dit geldt ook voor wanneer ze met pensioen gaan. Het afscheid van de betaalde arbeid dient verwerkt te worden. Zoals eerder gestipuleerd, verloopt dit gemakkelijker wanneer we zelf de datum van ons pensioen kunnen bepalen. Het gaat moeilijker voor mensen die omwille van besparingsmaatregelen op pensioen worden gesteld. Ook minder leuk is het voor diegenen die willen blijven werken maar toch moeten vertrekken. Wanneer je zelf kan kiezen om met pensioen te gaan, wordt veel minder stress gecreëerd.

Net als het leven zelf kan met pensioen gaan zowel gepaard gaan met vreugde en plezier als met verdriet en pijn. Overal waar mensen samenleven is dit het geval, het is namelijk intrinsiek aan het leven verbonden. Wat we precies allemaal 'winnen' en 'verliezen', hangt af van persoon tot persoon en van levensloop tot levensloop.

Wat 'winnen' we?

Wanneer je met pensioen gaat, krijg je de tijd om 'mens' te zijn: vrij zijn om te doen waar je echt zin in hebt, tijd hebben voor die zaken waar je naar verlangt en waar je eerder de kans of de tijd niet voor had om ze uit te voeren. Je kan als het ware je 'schade' inhalen, zoeken naar verdieping, een nieuwe vriendenkring opbouwen, oude hobby's vanonder het stof halen, een nieuwe taak opnemen, je verborgen talenten weer aan bod laten komen.

> *"Wanneer je met pensioen gaat, krijg je de tijd om 'mens' te zijn: vrij zijn om te doen waar je echt zin in hebt."*

Je hebt immers ervaring en levenswijsheid opgebouwd.

Bij het met pensioen gaan, steekt vaak het ongeleefde leven de kop op. Je kan beseffen dat, indien je andere keuzes had gemaakt en indien dingen anders waren geëvolueerd, het leven anders had kunnen verlopen. Het is dan een kwestie van in het reine te komen met het leven dat tot op heden niet geleefd werd en misschien ook nooit meer tot ontwikkeling zal kunnen worden gebracht. Het is uiteraard ook belangrijk om stil te staan bij wat er allemaal wél was.

De levensgrote balansvragen rijzen, ze duiken op cruciale (levens)momenten op, dus ook bij pensionering. Veelal is de balans positief. In dit geval kom je tot integriteit. Dit is een geestesingesteldheid waarbij je de eigen en unieke levensloop en de mensen die daarin betekenisvol waren, aanvaardt als iets dat erbij hoort en dat onvervangbaar is. Wanneer je niet tot deze toestand komt, kan dat leiden tot depressie. Het is dus belangrijk dat je tot aanvaarding komt of tot een constructieve ommekeer van de situatie om welbevinden te ervaren.

Als je kan komen tot de stelling 'er moet veel minder en er kan veel meer', kan het een openbaring zijn voor de verdere ontwikkeling van je leven. Op individueel niveau kan je enerzijds gemiste kansen inhalen. De weg naar datgene waarvan je eens hebt gedroomd of verlangd, ligt opnieuw open. Je kan nu bezig zijn met de dingen die je echt interesseren: de schoonheid in muziek, maatschappelijke inzet, mensenzorg, buurtzorg, kunst en lectuur of werken aan je eigen geestelijke verdieping, je levenshouding.

Tijdens de workshops komen volgende items spontaan aan bod: 'ik zal meer tijd hebben, minder stress en eindelijk kunnen doen wat ik graag doe'. En, zo gaan cursisten verder: 'met pensioen gaan betekent 'eindelijk' einde van de stress, meer vrijheid, einde van 'in de file staan', einde van het 'moeten', einde van een strikte planning, de start van het ongebreidelde 'genieten'. Met andere woorden: zeeën van tijd... zeeën van vrijheid... De last en de tijdsdruk vallen immers weg maar ook het lichamelijk en/of psychisch zware werk, het 'gedwongen' worden en de frustraties. Maar vooral: het 'tekort aan tijd' valt weg!

Een recente grootschalige Australische studie[36], gepubliceerd in the *Journal of Preventive Medicine*, heeft pensioen vooral geassocieerd met positieve veranderingen in de levensstijl. De onderzoekers kwamen tot de conclusie dat de lichamelijke activiteit van de gepensioneerden toenam, dat de tijd waarin stilgezeten werd, daalde en dat de kans op roken verminderde. Meer bepaald ontdekten de onderzoekers dat gepensioneerden hun fysieke activiteiten verhoogden met 93 minuten per week, dat de slaap verhoogd werd met 11 minuten per dag, dat vergadertijd verminderde tot 67 minuten per dag. Zelfs 50% van de vrouwen die rookten, stopten daarmee na hun pensioen. Respondenten met een hoger opleidingsniveau, wonend in stedelijke gebieden, ervoeren de hoogste daling van hun sedentair leven.[37]

Wat 'verliezen' we?

Of, positiever geformuleerd: wat zijn de mogelijke valkuilen? We spreken hier over de valkuilen die het afscheid van arbeid met zich meebrengen. We stellen veel verschillen vast tussen individuen. Wat voor de ene verlies is, is voor de andere winst. Dat houdt verband met de levensloop van mensen. Stel dat je een groot aanzien had in je functie, dat je job 'alles' was voor jou, dan zal afscheid van arbeid jou misschien moeilijk(er) vallen.

› Verlies van beroepsactiviteit

Je verwezenlijkte iets: de verantwoordelijkheid die je droeg, het feit dat je jezelf kon ontplooien, datgene wat je zin gaf in het leven, de producten die je eigenhandig maakte, de diensten die je massaal bewees of je ambachtelijke kunsten die her en der werden gewaardeerd.

› Verlies van inkomen

Het verschil in inkomen voor en na je pensioen is meestal aanzienlijk. Het kan een bron van zorg en een moderne vorm van armoede met zich meebrengen.

› Verlies van tijdsindeling

Het verlies aan vaste structuur en routine kan een gevaar inhouden voor een depressie, voor verveling of voor de aantasting van je zelfwaardering. Probeer vlug op zoek te gaan naar een nieuwe structuur in je leven om het zwarte gat te vermijden.

- **Verlies van competitiviteit**

  Je werk binnen een team zorgde voor een bepaalde competitiviteit, omdat er appel op jou gedaan werd, je werd in het beste geval uitgenodigd en gemotiveerd om je werk excellent uit te voeren. Pensionering kan inhouden dat die competitiedrift wegvalt, dat er te veel rust, kalmte en huiselijkheid optreedt. Verveling en 'bore-out' kunnen een mogelijke bedreiging zijn.
- **Verlies van status en maatschappelijke positie**

  Werken kan je een zekere status opleveren. Op die manier ben je maatschappelijk actief. Als dit wegvalt, kan dit een zware dobber voor je betekenen.
- **Verlies van sociale relaties**

  Je werkrelaties vallen veelal weg. Vooral als je veel belang hechtte aan deze contacten, kan dit je zwaar vallen.

Ongetwijfeld heb je echter de kracht en interesse om al deze mogelijke 'verliezen' om te bouwen in 'winsten'. Zo kan je op zoek gaan naar nieuwe sociale relaties en kan je je maatschappelijk engageren voor andere en nieuwe projecten.

Los van het feit wat je allemaal 'wint' en 'verliest', is dé hamvraag hoe je met deze winsten en verliezen omgaat. Als mens kom je soms onder hoge druk te staan en leer je manieren om met winsten, verliezen, wensen, verlangens, pijn en verlies om te gaan. Dit is voor iedereen verschillend, al kan je zeker een aantal omgangs- of copingmechanismen aanleren en hanteren.
Er bestaan actieve copingmechanismen, pogingen om actief om te gaan met veranderingen, informatie op te zoeken, nieuwe rollen te ontwikkelen. Er zijn ook passieve copingmechanismen waarbij je afhankelijk wordt van anderen of waarbij je je activiteiten inperkt. In ieder geval kan je veel verschillende richtingen uitgaan eens je met pensioen bent.
Daarom is het belangrijk om denkprocessen op te zetten zodat je inzicht krijgt in je verschillende mogelijkheden, je wensen, je behoeften, je noden en je belemmeringen. Zo kan je zelf keuzes maken voor een voortzetting dan wel een verandering van je levensstijl.

4. De rugzak van het leven

De rugzak van het leven:

- Wat wil jij erin?
- Wat wil jij eruit?
- Wat mag er wat jou betreft inkomen en wat moet er zeker uitblijven?
- Wat doe jij met de 'essentie'? Maar wat is voor jou 'de essentie'?
- Wat doe jij met de 'ballast'? En wat is voor jou 'ballast'?

De resultaten van die oefening kunnen je belangrijke inzichten bieden:

Heb je het gevoel dat je leven 'gemaakt' is? Dat je nu vrij bent? Of heb je het gevoel dat je gevangen zit in een systeem, dat alles voor je vastligt en definitief is? Ben je geworden wat je wil? Ben je geworden wie je wil? Heb je al je kansen benut? Heb je de mogelijkheden gekregen én genomen om al je kansen te benutten?

Wat maakt voor jou op vandaag (en morgen) de kwaliteit van jouw leven? Wat en wie maakt je leven écht de moeite waard? Hoe geef je verder inhoud aan je leven en hoe wil je dat in de toekomst doen? Dit zijn vele pertinente vragen waar we vaak niet bij stilstaan, maar die ons wel raken.

De Rugzak

Ieder mens draagt in het leven
een onzichtbare rugzak mee.
Bergt daarin zijn vreugde en zorgen
verzameling van wel en wee.
Soms is de rugzak zwaar van stenen
dan is hij weer vederlicht
blijft er nog ruimte over,
maar dikwijls kan hij haast niet dicht.
En zo ga je door de jaren
raapt iets op en gooit iets weg,
soms gebeurt dit vanzelfsprekend
dan weer na veel overleg.
Langzaam wordt de rugzak leger
's levens middag gaat voorbij
en bij het naderen van de avond
werpt men een deel der last opzij.
Toch is er nog veel van waarde;
't zijn de herinneringen, zo teer die
je voor geen goud wil missen!
dat ontdek je telkens weer
Ieder draagt een eigen rugzak,
niemand die hem overneemt
en men hoeft ook niet te vrezen
dat een dief hem ooit ontvreemdt.

(auteur onbekend)

5. Me, myself and I

Recent kopte het planbureau met een opmerkelijk artikel: 'Het aantal alleenstaanden tegen 2060 zal stijgen met 50 procent. Er is het effect van de vergrijzing, maar ook bij de actieve bevolking is er een toename van het aantal alleenstaanden, ofwel door eigen keuze of na een scheiding.' Ook de krant *De Tijd* pakte uit met een merkwaardige titel, namelijk: 'Vlaanderen flirt met miljoen singles.'

Velen kiezen er doelbewust voor om single te zijn. Anderen wordt die situatie opgedrongen, zij voelen zich daar al dan niet lekker bij.

Single en 60+? Je bent niet alleen! Begin 2015 woonden er in het Vlaams Gewest 849 000 mensen alleen. Dat komt overeen met 3% van de bevolking. In 2030 verwachten we er 955 000. Vooral het aantal oudere alleenwonenden, meer specifiek oudere vrouwen, zal toenemen. Vanuit verschillende motieven wensen mensen nu meer dan vroeger alleen te wonen of worden ze ertoe gedwongen. De belangrijkste oorzaken van de toename van het aantal alleenwonenden zijn het ontbinden van relaties en de vergrijzing.

Bij deze groep van mensen is er eenheid in verscheidenheid. Ondanks de grote heterogeniteit hebben alle singles vandaag een aantal dingen gemeen: het positieve aan alleen wonen is doorgaans het ervaren van meer ruimte en/of vrijheid om je eigen weg te bewandelen. Maar zelfs mensen die niet meer zonder hun vrijheid kunnen, missen soms de liefde en de steun van een partner. Negatief is dat je gediscrimineerd wordt door de wetgever en dat je als consument nadelen ondervindt.

Eric Klinenberg doet in zijn boek 'Going Solo'[38] een oproep om het alleen wonen niet alleen als een mogelijk 'sociaal probleem' te zien maar ook als een mogelijke 'verrassing en uitdaging'. Hij stelt daarbij dat, in plaats van ons zorgen te maken over hoeveel mensen er nu alleen wonen, het tijd is om ons ook te focussen op vragen als 'hoe we op een aanvaardbare en goede manier alleen leven, met aandacht voor sociale steun en ondersteuning'.

“L’enfer, c’est le manque des autres.”

~ Dirk De Wachter

HOOFDSTUK 4
VERBONDENHEID MET DE ANDERE(N)

De bekendste zin van Jean Paul Sartre luidde: 'L'enfer, c'est les autres'. 'De hel, dat zijn de anderen.' Sartre heeft de bewuste zin wellicht met een knipoog geschreven, maar wel om er de nadruk op te leggen hoe moeilijk we het elkaar soms kunnen maken... Dirk De Wachter waagt het om de bekendste zin van Sartre te verbeteren en schrijft 'L'enfer, c'est le manque des autres': 'De hel van deze tijd, is om niemand te hebben.'[39]

Mensen zijn sociale wezens. We vinden het belangrijk om in verbinding te staan met anderen. Met pensioen gaan, betekent niet alleen je eigen leven in de juiste plooi te krijgen, het betekent ook veelal afscheid nemen van collega's en je meer terugplooien op je partner, je familie en/of jezelf.

Achtereenvolgens sta ik stil bij sociale relaties met relevante anderen, namelijk liefdesrelaties, familierelaties en andere sociale relaties.

1. Liefdesrelaties

1.1. Een theorie over de liefde...

Sternberg heeft in de jaren tachtig de 'Triangular theory of love'[40] ontwikkeld om een en ander te kaderen:

Sternberg's triangulaire theorie onderscheidt drie componenten van liefde, namelijk *intimiteit, passie* en *engagement.*

- **Intimiteit** is een gevoel van nabijheid en exclusiviteit. Je deelt iets met elkaar wat je niet met de rest van de wereld deelt. Intimiteit kan betrekking hebben op emotionele nabijheid, maar het kan ook gaan om lichamelijk contact.
- **Passie** houdt verband met gevoelens van verliefdheid en het seksueel aangetrokken worden tot elkaar.

- **Engagement** ten slotte, refereert naar de wens om langdurige gezamenlijke projecten uit te bouwen. Hierbij gaat het bijvoorbeeld om het kopen van een huis, het opvoeden van kinderen...

Combinaties van deze drie componenten resulteren in verschillende types van liefdesrelaties. Zo geeft de combinatie van intimiteit en passie de 'passionele liefde'; de combinatie van passie en engagement 'verliefdheid' en de combinatie van engagement en intimiteit de 'kameraadschappelijke liefde'.

Belangrijk voor de relationele tevredenheid, zo stelt Ellen Van Houdenhove aan de hogeschool Odisee in 2016 op een navorming rond 'Liefde op leeftijd', is het evenwicht tussen de verschillende componenten. Dit komt niet alleen ten goede aan de algemene tevredenheid, maar ook aan het psychisch welbevinden en de fysieke gezondheid, en het creëert een buffer tegen stresserende gebeurtenissen.

Bij relatieproblemen ontstaat vaak het gevoel van minder betrokken te zijn bij de ander. Je wil in dit geval niet meer per se samen zijn, je gaat steeds meer andere dingen doen. En dat is het probleem: andere interesses, niet meer samen zijn. Om te voorkomen dat relatieproblemen de kop opsteken, dat je je van elkaar verwijderd voelt, is het belangrijk om samen dingen te ondernemen. Een gezamenlijke hobby, een gezamenlijke sport, een gezamenlijk uitje dat steeds terugkeert. Het is vaak het investeren in een relatie dat ertoe leidt dat je je meer verbonden voelt met de ander. Verbondenheid gaat over betrokkenheid en betrokkenheid gaat over langetermijnrelaties.

Ondanks het feit dat bij een langdurige relatie gepassioneerde liefde meestal overgaat in kameraadschappelijke liefde, is het belangrijk dat de betrokkenheid en het engagement blijvend versterkt wordt. Dus niet de symbiotische relatie of de relatie waar je alles apart doet, blijkt de grootste relationele tevredenheid op te leveren, maar de relatie waar je dingen apart én dingen samen doet.

> *"Met pensioen gaan betekent wel vaak opnieuw leren samenleven en aanpassingen te zoeken binnen je leefpatroon."*

1.2. Opnieuw leren samenleven?

Met pensioen gaan betekent niet alleen een verandering bij jezelf, maar ook veranderingen in je leefpatroon thuis. Als je met een partner samenleeft, kan je je afvragen hoe je die partnerrelatie de komende 10-20-30 jaar wil uitbouwen. Hoe zie je het opnieuw samenleven? Hoe zie je de taakverdeling? Als je geen partner hebt, kan het een opdracht zijn om te leren omgaan met het alleen zijn. Of je hebt kinderen die nog thuis wonen, de zogenaamde nestklevers? Of je hebt kinderen die het nest terug vullen, de zogenaamde boemerangkinderen? Of je bent mama of papa geworden op middelbare leeftijd. Nu je met pensioen bent, huppelen er nog steeds een aantal kleine of grotere kinderen om je heen.

Het mag duidelijk zijn, een impact op het samenleven is er wel degelijk.

Een aantal getuigenissen van cursisten VOP

Wanneer ik aan Jan vraag wanneer hij stopt met werken, zegt hij: 'Op 1 april 2017'. Wanneer ik datzelfde aan Lieve, zijn vrouw, vraag, antwoordt ze: 'Ik? Ik stop nooit. Vrouwen stoppen toch nooit met werken? Die blijven aan het werk.' Hilde, die dit hoort, reageert fel: 'Dat zie ik totaal anders. Als Marc stopt met werken, stop ik ook. Vanaf dan verdelen we het resterende werk onder ons tweeën.'

Paul is al vijf jaar met pensioen. Als gewezen docent vertoeft hij graag achter zijn bureau om op de hoogte te blijven van zijn vakgebied. Hij schrijft nog boeken en artikels om bij te blijven. Hij kan doen en laten wat hij wil, want zijn partner gaat nog uit werken. Het pensioen van de partner komt er echter aan. Zij ziet het hoegenaamd niet zitten dat Paul elke dag achter zijn bureau zal blijven zitten. Ze hebben nu een deal gesloten: Paul zal één dag per week vanachter zijn bureau komen om dingen te gaan doen met zijn partner.

Het is belangrijk dat je inziet dat je de partnerrelatie in eigen handen kan nemen, dat je kan ingrijpen, dat je er echt totaal iets nieuws kan van maken. Misschien iets dat beter afgestemd is op de nieuwe levensfase? Je kan je echt bewust worden of opnieuw bewust worden van de bestaande gewoontes, niet enkel op het vlak van het omgaan met elkaar maar ook op het vlak van de taakverdeling. Het is belangrijk dat je met elkaar kan praten, met elkaar in communicatie kan treden met wederzijds respect voor elkaar. Voor velen een evidentie, voor anderen gemakkelijker gezegd dan gedaan.

Om de manier van met elkaar omgaan te kunnen bijsturen, is praten heel belangrijk. De 'territoriumtaal' of de territoriumtheorie geeft een goed begrippenapparaat om er met elkaar te kunnen over praten.

1.3. Je eigen territorium

Met pensioen gaan heeft ongetwijfeld gevolgen voor je onmiddellijke omgeving. Toen je nog werkte, waren in het huishouden de taken wellicht grosso modo duidelijk verdeeld. Als een van de partners nu stopt met werken, is het vanzelfsprekend om die taken te gaan herbespreken en opnieuw te gaan verdelen. Meer en meer mensen bereiden zich op hun pensionering voor door 4/5 of halftijds te gaan werken om 'het samenwonen gewoon te worden'. Velen beseffen dat ergernissen, die door een gebrek aan tijd op de lange baan werden geschoven, tijdens het pensioen scherper naar voren kunnen komen. Niet voor niets schreef Jef Vermassen jaren geleden zijn lijvige boek waarin gestipuleerd werd dat de meeste gezinsdrama's binnen de gezinscontext gebeuren en dit meestal tijdens de weekends en de vakantieperiodes...

Het gaat hier echter niet alleen om het herverdelen van taken, maar ook om het herverdelen van het zogenaamde 'territorium'. En het begrip 'territorium' kan daarbij op verschillende dingen slaan: een concrete ruimte zoals je bloementuin, je bureau, je pc, 'jouw' keuken... of eerder iets figuurlijks zoals het beheer van de financiën.

Het is belangrijk dat je je eigen territorium verwerft, beheert en verdedigt. Wanneer je met pensioen gaat, zal je een nieuw territorium moeten verwerven en zal je in het territorium van je partner terechtkomen, waarop die partner zijn/haar territorium zal willen verdedigen... Dit proces kan knap lastig zijn. Frustraties en ergernissen hebben heus niet altijd te maken met vuile onderbroeken of dito kousen die blijven slingeren of de tube tandpasta die weer eens niet is dichtgedraaid... Het gaat vaak over meer fundamentele zaken.

"Als het privédomein waarin wij ons kunnen terugtrekken te klein wordt, ontstaan er spanningen."

Een vrouw die bijvoorbeeld altijd is thuisgebleven om het huishouden te doen en voor de kinderen te zorgen, zal de keuken bekijken als 'haar' terrein. Ze is gewend om de hele dag alleen thuis te zijn. Plots wordt ze geconfronteerd met haar partner die met pensioen is, die ook de hele dag thuis is en die beslist heeft om kooklessen te gaan volgen. Mevrouw verliest in dit geval 'haar' keuken, een deel van haar territorium.

Individuen hebben een territorium nodig, een plaats om te leven. Bovendien moet deze persoonlijke ruimte groot genoeg zijn. In het boek 'De naakte aap' suggereert Desmond Morris dat veel menselijke problemen te wijten zijn aan zogenaamde 'overbevolking'. Als het privédomein waarin wij ons kunnen terugtrekken te klein wordt, ontstaan er spanningen. Blijkbaar moeten wij ons af en toe kunnen verschuilen voor de anderen om daarna sociaal weer beter te kunnen functioneren. In eerste instantie heb je dus een schuilplaats of een vluchtheuvel nodig, maar ook een persoonlijke ruimte.

De schuilplaats is het stuk ruimte en/of tijd om je uit het sociale leven terug te trekken en tot rust te komen, om zo bij de eigen dromen, passies, gedachten, angsten, twijfels en gevoelens te komen. Met andere woorden: om 'tot jezelf te komen', 'jezelf te zijn', en dit in alle vrijheid. Op zo'n moment kan je sociale controle missen als kiespijn!
Maar hoe kan je die vluchtheuvel verkrijgen? Door gewoon alleen te zijn of door je als het ware te verstoppen in de badkamer, de keuken, de badkamer... Maar je kan je ook op een andere manier 'verstoppen': door je te verdiepen in een boek, door tv te kijken, door een uiltje te vangen, door een

dagboek bij te houden, door een boek te schrijven of door je krant te lezen op de smartphone. Veel mensen voelen zich schuldig als ze die schuilplaats willen verwerven of ze willen verdedigen. Het lijkt egoïstisch en asociaal. Toch is het belangrijk om, met de pensionering, na te gaan welke schuilplaatsen je in je gezin hebt verworven, na te gaan of ze bedreigd worden en wat je daar desgevallend kan aan doen. Niet gemakkelijk voor iemand die op pensioen is en tegelijkertijd verhuist en daarenboven misschien te maken krijgt met een nieuw samengesteld gezin. Veel stressfactoren rond het al of niet hebben van een vertrouwde 'schuilplaats' kunnen samenkomen.

De persoonlijke ruimte is eveneens belangrijk. Neem bijvoorbeeld je lichaam. Je voelt je gekrenkt als iemand de wetten op je lichaam schendt: mis(be)handeling, geweld, aanranding, stalking, verkrachting. Je persoonlijke ruimte heeft echter ook te maken met de kledij die je draagt, met de voeding die je eet, met het soort auto waarin je rondrijdt, met de intimiteit en de seksualiteit die je beleeft, met de waarden en normen die je hebt, met de lichamelijke hygiëne die je nastreeft. Ten slotte heeft persoonlijke ruimte ook te maken met je eigen fantasieën en gedachten.
Heb je in je relatie voldoende respect voor de persoonlijke ruimte van de andere en wordt jouw persoonlijke ruimte ook gerespecteerd door je partner? Je gezin? De gedachten en ideeën die je koestert, zijn verder ook heel belangrijk bezit. Het ergste wat een mens kan overkomen, is dat iemand die gedachten en ideeën gaat beheersen, dat je partner denkt in jouw plaats of dat hij als het ware in je huid kruipt en jouw gedachten probeert te lezen en te interpreteren. Het is in relaties wel zo dat er altijd een stuk territorium moet worden gedeeld. Fijn, zal je in het beste geval roepen. Sommige mensen hebben het echter moeilijk met dit idee, zo moeilijk zelfs dat ze intieme relaties systematisch uit de weg gaan of er op een bepaald moment van weglopen. Anderen stellen hun pensionering zo lang mogelijk uit, maar het zwaard van Damocles blijft sowieso boven hun hoofd hangen...

Verder is de **psychologische ruimte** de belangstelling en de aandacht die we krijgen van anderen en de invloed die we op hun gedachten en gevoelens kunnen uitoefenen. Bepaalde personen nemen nooit ruimte voor zichzelf, andere personen eisen alle aandacht op en trekken de aandacht naar zich toe. Krijgen we dus wel voldoende aandacht? Wordt er wel naar ons geluisterd? En, nog belangrijker: wordt er wel rekening gehouden met onze standpunten? Is er door de pensionering niet veel invloed verloren gegaan? Zijn we nog 'iemand' nu we met pensioen zijn of worden we opgeslorpt door onze partner/ons gezin en onze familie in ons doen en laten?

Het **actieterrein** ten slotte gaat over het gebied waarin je actief bent, zowel binnenshuis als buitenshuis. Ben je buitenshuis altijd in de weer of ben je eerder een huismus? Heb je lange waslijstjes met allerlei taken en activiteiten? Indien ja, hoe zit dit in verhouding met je partner? Fijn als je goede afspraken kan maken rond wat je alleen doet, wat hij/zij alleen doet en wat jullie samen kunnen ondernemen.

Een dame van 62 getuigt: *'Sedert mijn echtscheiding leef ik voor mijn dochter die nog even bij me inwoont. Ik kook niet graag maar ik doe het omdat ze mijn gerechten heel erg naar waarde kan schatten. Straks ga ik met pensioen en tegelijkertijd 'verlies' ik mijn dochter omdat ze gaat samenwonen met haar partner. Mijn motivatie om lekker te kunnen koken valt dus weg. Ik weet bijgevolg echt niet hoe ik mijn leven zal organiseren na mijn pensioen, nu ik mijn leven niet meer zal kunnen organiseren in functie van mijn dochter. Een vreemd gevoel bekruipt me...'*

Een dame van 65 getuigt dat ze al twee jaar met pensioen is. Ze is single en leeft in haar cocon: *'Ik stel het altijd uit om 'kleine' boodschappen te doen. Het is lekker warm thuis, ik loop graag in mijn homewear rond. Als je slechts voor één persoon moet koken, dan heb je snel iets in elkaar geflanst. Indien ik geen brood heb, eet ik toastjes. Ik zoek desnoods alle kasten uit om op zoek te gaan naar iets dat brood kan vervangen. Dit om toch maar niet weer die kleren te moeten aantrekken en buiten te komen. Ik weet eigenlijk niet of ik zo goed bezig ben met dit gedrag.'*

De geciteerde getuigenissen roepen wellicht ook bij jou vragen en bedenkingen op. Hieronder volgen een aantal extra vragen, geïnspireerd op A. Witters[41], die wellicht inspirerend op jouw leven kunnen inwerken:

Vragen over je schuilplaats en je privéterrein:

- Heb je een eigen ruimte, een lade, een kast om jouw zaken in op te bergen (allerlei benodigdheden, briefwisseling) en wordt dit door de andere huisgenoten gerespecteerd?
- Heb je gelegenheid en ruimte om je terug te trekken als je daar behoefte aan hebt?
- Zeg je aan je partner (of andere huisgenoten) waar je naartoe gaat en hoelang je wegblijft?
- Voel je je ongemakkelijk als anderen dat niet tegenover jou doen? Wat doe je daarmee?

Vragen over je psychologische ruimte:

- Welke contacten heb je buiten je werkcontacten? Zijn dit er te veel, voldoende of te weinig?
- Wens je bepaalde vrienden (vriendinnen) te ontvangen of erheen te gaan zonder jouw partner?
- Krijg je voldoende aandacht voor de dingen die je zelf graag doet?
- Wordt er voldoende naar jou geluisterd?
- Wordt er voldoende rekening met je gehouden?

Vragen over je actieterrein:

- Huishouding: wie regelt de huishoudelijke bezigheden?
- Wie beslist wat en wanneer er gegeten wordt?
- Wie kiest radio- en tv-programma's?
- Is jouw actieterrein meer binnenshuis of buitenshuis gesitueerd?
- Hoe zit de verhouding van jouw actieterrein tegenover dat van je partner? Kan je daarover praten en kan je tot goede afspraken komen?
- Financiën: wie betaalt de rekeningen? Wie beslist over grote aankopen? Wie vult de belastingsaangifte in?
- Bepaal je zelf wanneer je tijd wil besteden aan je hobby?
- Wie neemt het initiatief voor een vakantieregeling? Wie beslist?

Hier vind je een aantal **tips en tricks** aangaande je actieterrein:

- Maak een tabel met volgende kolommen:
  - Welke taken die je nu doet, wil je behouden?
  - Welke taken die je nu doet, wil je kwijt?
  - Welke taken wil je alleen doen?
  - Welke taken wil je samen doen?
  - Is het nodig dat je daaromtrent een aantal afspraken maakt of niet?
  - Indien ja, tot welke gezamenlijke afspraken kom je? Voel je je goed bij de gemaakte afspraken?

- Je kan dit samen met je partner bespreken en proberen om samen oplossingen te zoeken... Het is goed dat je kan zorgen voor een eigen territorium als je daar de nood toe voelt, een territorium waarbij je de gelegenheid hebt om je in terug te trekken. De ene persoon zal daar meer behoefte aan hebben dan de andere. Respect voor elkaar is hier op zijn plaats.

Omgaan met territorium betekent een spel van verwerven, beheren, verdedigen en uitbreiden van het territorium. Met behulp van de territoriumtheorie leer je inzien dat veel wrijvingen en onderhuidse conflicten verwijzen naar reële noden op het vlak van territorium. Daarvoor openstaan en conflicten openlijk bespreken, kan verrijkend zijn.

“Omgaan met territorium betekent een spel van verwerven, beheren, verdedigen en uitbreiden van het territorium.”

Dus... ruimte creëren is belangrijk en kan je op verschillende manieren doen:

Doe je alles samen met je partner en heb je een symbiotische relatie? Ik noem dit de 'Nicole en Hugo'-relaties. Zie je de een, dan zie je de ander. Fijn als je je daar goed bij voelt. Minder leuk in het geval van een cursist:

Zijn derde huwelijk moest een zegening worden. Eerder had zijn hele familie hem uitgespuwd. Van nu af aan zou hij alles samen met zijn vrouw doen. Maar dat laatste nam hij wel heel letterlijk: als hij naar tv keek, werd zijn partner verzocht om naast hem te zitten. Wou ze buitenshuis yogales volgen, dan mocht ze er niet naartoe want hij zag het niet zitten om mee te gaan. De vrouw schikte zich naar de wensen van haar autoritaire man. Ze kon niet van hem weg omdat ze economisch van hem afhankelijk was. Zij had immers altijd voor de kinderen gezorgd. Pensioenopbouw was haar vreemd, als gevolg daarvan had ze persoonlijk dus maar een klein pensioentje.

Of doe je alles apart van je partner?

Een cursist getuigt: '*Sedert ik met pensioen ben, heb ik me nog onafhankelijker opgesteld naar mijn partner toe. We deden vroeger al ons eigen ding en doen dit nu nog in meerdere mate. De reden waarom we nog samenwonen is zeer simpel. We doen dit voor de kinderen en de kleinkinderen. Als gezin functioneren we nog, als koppel al lang niet meer.*'

Of doe je sommige zaken alleen en sommige zaken samen met je partner?

Een cursist getuigt: *'Ik ben een grote wijnliefhebber. Sedert ik met pensioen ben, kan ik mijn hobby enorm uitbouwen. Mijn relatie met mijn partner is te vergelijken met wijn drinken: we hebben elk ons eigen glas. De wijn die we drinken komt uit een gemeenschappelijke fles. Deze symboliek vertolkt ons liefdesleven: we hebben ons eigen leven, waarbij we geen verantwoording hoeven af te leggen aan elkaar. Maar de momenten die we samen beleven zijn intens en gelukkig. We hebben het goed apart, maar ook samen.'*

Of om het met de woorden van Kahlil Gibran te zeggen: 'houd van elkaar, maar trek de banden niet te strak. Laat de liefde een zee zijn, die van de ene ziel naar de andere golft en ze beide kust!'

“Zelfvertrouwen is dus de basisvoorwaarde voor assertief gedrag. Toch verwarren we assertief gedrag soms met subassertief of agressief gedrag.”

1.4. Een kwestie van zelfvertrouwen en assertiviteit

Nog dure woorden zijn 'het hebben van zelfvertrouwen en assertiviteit'.

Een aantal vragen om in het thema te komen:

- Heb je ook dikwijls het gevoel dat je niet mag weigeren als je iets gevraagd wordt? Je hebt nu toch veel tijd, zegt men.
- Word je dan kwaad en reageer je agressief? Of laat je je in een hoek duwen?
- Heb je soms ook het gevoel niet meer mee te tellen in de maatschappij waarin jong en actief zijn de norm is?
- Durf je niet opkomen voor je mening omdat je bang bent brokken te maken?
- Vind je ook niet de juiste woorden op het gepaste moment, maar wel als het te laat is?

Soms kan het interessant zijn om op verschillende manieren naar jezelf te kijken en daarbij je talenten, je kwaliteiten en je vaardigheden te benoemen en niet langer te minimaliseren wat je kan en doet. Het is belangrijk om op te komen voor jezelf, je tijd en je interesses, en toch een goede relatie op te bouwen met je partner, je (schoon)ouders, je familie, je kinderen, je kleinkinderen en je vrienden/kennissen. 'Me-time' inlassen is daarbij belangrijk. Soms is het een kwestie van oefenen om op de juiste woorden te komen die duidelijk uitdrukken wat je wel en niet wil. Je leert zo op een goede manier te weigeren: 'ja' zeggen als je er echt achterstaat, 'nee' zeggen met respect voor anderen.
Met pensioen gaan is opnieuw intenser samenleven met een aantal mensen rondom jou. Het zal belangrijk zijn om te onderhandelen en conflicten op te lossen op een manier die aanvaardbaar is voor de andere partijen. Soms vergeet je misschien wel eens dat je het opnieuw kunt aanleren om op een constructieve manier te luisteren, te praten, ruzie te maken, waardering te geven en te ontvangen, nee te zeggen.

Volgens de assertiviteitstheorie heb je de volgende rechten: je hebt gevoelens, gedachten en meningen, die je ook mag uiten; je hebt het recht te veranderen van gevoelens, gedachten en meningen; je hebt het recht iets te vragen of te weigeren; je hebt het recht fouten te maken; je hoeft niet altijd een verklaring te geven voor je gedrag; je mag iemand niet (meer) aardig vinden; je hebt het recht te zeggen 'ik weet het niet' of 'ik begrijp het niet'; je hebt het recht om dingen in jezelf en in een ander te waarderen.

Gebrek aan zelfvertrouwen gaat uit van een negatief zelfbeeld. Er ontstaat twijfel, er wordt alleen naar de fouten gekeken, de twijfel en angst verhogen en de minderwaardigheidsgevoelens komen naar boven. De cirkel is rond.

Subassertief gedrag houdt in dat je niet weerbaar bent:

- Je vindt jezelf minder waard dan de anderen.
- Je toont niet wat je voelt of je bent bang, twijfelt, voelt je schuldig en ontgoocheld.
- In je werk kan je niet veel aan, je bent bang dat je het niet goed doet.
- Tegenover anderen voel je je de mindere, de zwakkere, je geeft dus vlug toe, je kijkt naar hen op.
- Je doet altijd wat je denkt dat mensen van je willen opdat ze je goed zouden vinden.

Deze vorm van je gedrag kan je bewust of onbewust aangeleerd hebben, maar kan je ook bewust of onbewust opgedrongen zijn.

Assertief gedrag daarentegen betekent dat je wel weerbaar bent:

- Je kent je goede en slechte kanten.
- Je durft ervoor uitkomen als je je goed voelt, maar ook verdrietig of slecht.
- Je hebt veel energie.
- Je voelt je gelijkwaardig aan de anderen.
- Je gaat ervan uit dat iedereen kwaliteiten en gebreken heeft, dus jij ook.
- Je houdt rekening met anderen, maar je hebt je eigen mening.

Sommige mensen beweren dat ze assertief zijn, maar vertonen heel sterk een **agressief gedrag**, dat zich uit in volgend gedrag:

- Je denkt dat je alles beter kan dan de andere.
- Je bent onvoorspelbaar, humeurig en laat niet zien hoe je je echt voelt.
- Je neemt te veel hooi op je vork, je bent gespannen.

- Je doet alsof je beter bent dan de anderen, je speelt de baas, je dringt je mening op.
- Je hebt meer rechten dan de anderen, jouw gevoelens en gedachten zijn belangrijker.

Bepaalde mensen zijn ook meesters in het gebruiken van manipulatieve technieken. Je kent wellicht ook mensen die kunnen uitpakken met tal van verbale wapens, zoals: anderen belachelijk maken, bespotten, negeren, overdrijven, chanteren. Non-verbale wapens kunnen dan zijn: oogcontact vermijden, schouders ophalen, met de deuren gooien,...

Moet je dan in elke situatie assertief reageren? Alsjeblieft niet! Neen! Soms kan je ervoor opteren om niet op te komen voor jezelf, om een aantal zaken te slikken om de lieve vrede te bewaren. Belangrijk daarbij is dat je je daar dan goed bij voelt en dat je daarbij geen 'vreemd' gevoel voelt in je maag. Want als het potje overkookt...

In sommige omstandigheden kan het echter interessant zijn om meer assertiviteit aan de dag te leggen. Het opstellen van een actieplan met een aantal daarbij horende vragen, kan voor bepaalde mensen een extra hulp zijn.

Dit actieplan kan volgende acties omvatten:
- Om minder onderdanig te zijn, moet ik...
- Om minder agressief te zijn, moet ik...
- Om assertiever te worden, moet ik...
- De vijf beste manieren om assertiever te worden, zijn voor mij...

Ik wil nog even dieper ingaan op de taal die je gebruikt en de manier waarop je communiceert.

1.5. Communicatiepatronen

Bepaalde sociologen gaan ervan uit dat alles in het leven vertaald kan worden in macht, jawel, ook liefdesrelaties. Daarnaast is taal in onze Westerse cultuur erg belangrijk. Veel mensen hebben dan ook de neiging om sterk de nadruk te leggen op verbale communicatie: wat 'telt' is wat gezegd wordt.

“Toch blijkt heel veel communicatie minstens even sterk, zo niet sterker, bepaald te worden door wat je non-verbaal communiceert.”

Je denkt wellicht ook vaak dat je alleen reageert op wat iemand zegt. Onder discussies versta je dan ook het uitwisselen en weerleggen van standpunten, meningen en opvattingen, allemaal zaken die je dus onder woorden brengt. Toch blijkt heel veel communicatie minstens even sterk, zo niet sterker, bepaald te worden door wat je non-verbaal communiceert.

Er zijn dan ook sociaal psychologen die schatten dat slechts een derde van de communicatie verbaal verloopt en twee derde non-verbaal. Helaas is dit moeilijk te controleren omdat we ons van veel non-verbale communicatie niet bewust zijn. Met de manier waarop je je stem gebruikt, je gezichtsuitdrukkingen, je manier van kijken, het oogcontact dat je al dan niet maakt, je gebaren, je houding, de manier waarop je een hand schudt, verraad je veel over jezelf zonder het zelf te beseffen. Non-verbale communicatie heeft ook invloed op jou als ontvanger, al ben je je ook daar lang niet altijd van bewust. Net omdat non-verbale communicatie vaak onbewust verloopt, is het een vorm van communicatie die veel effect heeft. Iedereen weet instinctief dat je makkelijker met woorden kunt liegen dan met non-verbale signalen. Verbale communicatie is vrijwel geheel bewust, maar daarom ook gemakkelijker te manipuleren.

De wetenschappers Ashcraft et al. wijzen in dit verband op het belang van lichamelijke contacten.[42] In deze contacten kan men twee belangrijke soorten onderscheiden: affiliatiegedrag en dominantiegedrag. **Affiliatiegedrag** dient om de onderlinge band te versterken, terwijl **dominantiegedrag** benadrukt wie de baas is. Vooral bij apen is dit gedrag vaak overduidelijk: men vlooit elkaar of klopt zich op de borst. Apen zijn voor mensen waarschijnlijk zulke leuke dieren omdat zij openlijk en zonder schroom gedrag vertonen waarvoor de mens zich eigenlijk een beetje schaamt. Maar via soortgelijk gedrag verduidelijken ook mensen hoe ze hun onderlinge relatie definiëren. De fysieke afstand die men tegenover elkaar in acht neemt, zegt bijvoorbeeld iets over de mate van intimiteit of afstandelijkheid. Zo delen een aantal sociaal psychologen, onder wie Remmerswaal, de afstand die men ten opzichte van elkaar in kan nemen in vier gebieden in: de intieme zone (0-45 cm), de persoonlijke zone (45-120 cm), de sociale zone (120-360 cm) en de publieke zone (360-750 cm of meer).

Eveneens interessant is om te bekijken hoe mensen in verschillende situaties ten opzichte van elkaar staan of zitten. Remmerswaal stelt dat mensen die onderlinge competitie vertonen vaak tegenover elkaar staan of zitten, terwijl mensen die samenwerken meestal naast elkaar zitten of staan. Mensen die een persoonlijk gesprek voeren, zitten of staan dan weer meestal in een hoek van negentig graden ten opzichte van elkaar. Een bekend voorbeeld van de betekenis van lichaamstaal uit het onderwijs is het systeem dat vroeger in scholen gehanteerd werd, namelijk de hoge lessenaar waar leraren aan zaten. Ze konden de hele klas overzien en er werd duidelijk 'afstand' gecreëerd, terwijl nu in veel klassen een 'carrévorm' gebruikelijk is, waarbij de verschillende zitplaatsen gelijkwaardig zijn. Dezelfde truc wordt ook toegepast bij loketten en balies van winkels. Vaak is het loket op een verhoog geplaatst, waardoor het personeel als het ware boven je uittorent.

Ook de lichaamshouding van mensen kan veel uitstralen. Mensen nemen een gesloten (armen en benen over elkaar) of een open (voorover leunend, met geopende armen en benen) houding aan. Ademhaling en beweging, heel beheerst of net heel nonchalant bijvoorbeeld, verraden ook veel. Gebaren die mensen vooral met de handen maken, onderstrepen vaak wat ze zeggen. Met gebaren geven we meestal ook aan dat we nog niet zijn uitgesproken en met hoofd- en oogbewegingen laten we aan de ander weten dat hij/zij aan de beurt is.

Uiteraard zijn gezichtsuitdrukkingen belangrijke vormen van non-verbale communicatie. Via allerlei gezichtsuitdrukkingen laten mensen elkaar weten wanneer ze iets niet begrijpen, wanneer ze het wel of niet met elkaar eens zijn, waarover ze verbaasd zijn, wanneer ze haast hebben, wat ze interessant vinden,... Wanneer je met iemand praat, merk je aan zijn gezicht voortdurend of hij welwillend tegenover je staat of niet. In feite zeggen allerlei gezichtsuitdrukkingen en gebaren hoe verbale boodschappen moeten worden opgevat: als bevel, grap of vriendelijk verzoek.

In dit verband kan het interessant zijn om even een aantal communicatieregels op te frissen.

Een **communicatieve attitude** is een attitude waarbij respect is voor je eigen wijze van communiceren, waarbij het anders-zijn geaccepteerd wordt en waarbij je wederzijds respect voelt voor elkaar.

- *Gasgevers* om een effectieve communicatie op te bouwen, zijn: jezelf kunnen wegcijferen, anders-zijn kunnen verdragen, emoties toelaten, luisteren, oogcontact, lichaamshouding, gelaatsexpressie, open vragen stellen, stiltes laten, korte zinnetjes, tussenwerpsels, samenvatten, gevoelens terugkoppelen.
- *Remmers* zijn: geen oogcontact, over iets anders beginnen, een nieuwe vraag stellen, waarom-vragen stellen, gesloten vragen en suggestieve vragen stellen, moraliseren, vleien en geruststellen, afkeuren, beschuldigen, waarschuwen, dreigen, advies geven, de les lezen.

Ten slotte zijn er nog de communicatie-axioma's van communicatiewetenschapper Watzlawick et al.[43] die we graag opfrissen voor wanneer je effectief wil communiceren.

- **Axioma 1: Communiceren doe je altijd**
  Communicatie is een proces van wederzijdse beïnvloeding. Wanneer je met een andere persoon in contact komt, zend je boodschappen uit naar elkaar. Elke boodschap bevat informatie. Iedere communicatie beïnvloedt. Je kan niet 'niet' communiceren.

- **Axioma 2: Je spreekt altijd 'dubbel'**
  Niet alleen wat je zegt (inhoudsniveau) is belangrijk, maar ook hoe je iets zegt (relatieniveau). Hoe meer het inhouds- en relatieniveau overeenstemmen, hoe congruenter, hoe gelijkvormiger je communicatiepatroon is. Het effect van de boodschap hangt af van de context waarin de communicatie gebeurt. (bv. 'Moest je dat dààr nu zeggen?') Elk spreken is relatiespreken: telkens je iets zegt, zeg je tussen de lijnen door hoe de boodschap moet worden opgevat.

Axioma 3: Elk zijn waarheid

Dé waarheid bestaat niet, al denk je misschien vaak dat jouw waarheid dé waarheid is. De werkelijkheid wordt echter door elk van ons verschillend benaderd en anders beleefd.

Watzlawick stelt dat een mens per seconde zo'n 10 000 zintuiglijke prikkels en indrukken ontvangt. Vandaar dat er heel wat prikkels overboord moeten worden gegooid, en dat doe je ook. Je 'kiest' welke informatie je overhoudt en welke informatie ballast is. Datgene wat je overhoudt, is dé waarheid, of beter: jouw waarheid. Ook in de communicatie heeft elk zijn eigen kijk op de waarheid. Maar de ander kan door een andere bril naar de dingen kijken. Dit kan tot verwarring en misverstanden leiden. Je kan echter niet spreken van een oorzaak en een gevolg: jouw gedrag is zowel oorzaak als gevolg van het gedrag van de ander en omgekeerd. We spreken van een circulaire beïnvloeding.

Axioma 4: Je communiceert zowel digitaal als analoog, of anders gezegd: met of zonder woorden

- We communiceren niet alleen met woorden. De analoge taal (de lichaamstaal) verschilt van de digitale taal (de woordenschat).

Woordtaal = digitale taal	Lichaamstaal = analoge taal
Wat wordt gezegd?	Hoe wordt het gezegd?

- Voorbeelden van analoge taal: oogcontact, mimiek, gebaren, maar ook je glimlach, je blozen, je zuchten. Analoge taal zegt ook iets over de kledij die je draagt, de auto waarmee je rijdt, het parfum dat je gebruikt,... Als je digitale taal niet in overeenstemming is met je analoge taal, kunnen er misverstanden optreden. Als er verwarring optreedt, kan het goed zijn om je lichaamstaal met woorden te verduidelijken. Bv. 'Ik leg mijn arm om je schouders omdat ik op die manier mijn genegenheid wil uitdrukken.' Problematische communicatie kan optreden wanneer de analoge taal niet in overeenstemming is met onze woorden.

› **Axioma 5: Wie heeft het voor het zeggen?**

› Hier gaat het over symmetrische en complementaire communicatie. Symmetrisch wil zeggen: praten op hetzelfde niveau. Complementair wil zeggen: elkaar aanvullen. Elkaar aanvullen kan in positieve zin zijn, maar ook in negatieve zin. Het kan de verhoudingen van wie het voor het zeggen heeft duidelijk blootleggen.

Gooi je masker af...

Het is belangrijk dat je goed omgaat met kritiek en het geven van feedback. Het Johari-venster van Luft & Ingham[44] kan je daartoe een goed instrument aanreiken.

	Bekend aan jezelf	**Onbekend aan jezelf**
Bekend aan anderen	Vrije ruimte	Blinde vlek
Onbekend aan anderen	Verborgen ruimte	Onbekende zelf

De **vrije ruimte** is dat deel van je persoonlijkheid dat zowel aan jezelf als aan anderen bekend is.

De **blinde vlek** is het deel dat die gedragingen groepeert die je van jezelf niet kent, maar die anderen wel zien.

Het **verborgen gebied** is alles wat je wel weet van jezelf, maar dat anderen niet weten.

Het **onbekende zelf** is het gebied van jouw persoonlijkheid dat noch bekend is aan anderen, noch aan jezelf, en dat de psycho-analysten het on- of onderbewuste zouden noemen.

Als je feedback krijgt, wordt je vrije ruimte groter en verkleint je blinde vlek. Je maakt ook je verborgen gebied kleiner.

Soms zitten mensen verstrikt in een totaal onproductief communicatiepatroon. Bepaalde individuen raken eruit, andere helemaal niet. Op zo'n moment kan relatietherapie nuttig en/of noodzakelijk zijn. Hoe dikwijls moet je in je dagelijks leven geen masker opzetten? Hopelijk niet al te veel!

> *"Met pensioen gaan, kan het moment zijn om verder op zoek te gaan naar je echte zelf, zodat je je masker volledig kan afgooien. Alhoewel: kan en wil je dit helemaal ten opzichte van iedereen?"*

Ik laat me toch verleiden door een aantal inzichten die dieptepsycholoog Carl Gustav Jung (1876-1961) naar voren bracht. Jung legde de basis voor het moderne onderzoek naar de ontwikkeling van de volwassenheid, de tweede levenshelft. In tegenstelling tot zijn leermeerster Sigmund Freud (1856-1939) beweerde Jung dat fundamentele veranderingen op rijpere leeftijd nog mogelijk zijn. Tot dat inzicht was hij gekomen omdat hij op rijpere leeftijd zowel op professioneel als op privévlak zelf een zware crisis had doorgemaakt en er 'rijker' en 'volwassener' was uitgekomen dan voorheen.

Boven je eigen 'kleinheid' kunnen uitgroeien, het is een noodzakelijk gegeven om te aanvaarden dat er in jezelf heel wat aanwezig is waar je niet trots op bent. Dat inzien én accepteren is de eerste stap om die kleinheid te kunnen overstijgen. Bepaalde persoonlijkheidsstoornissen kunnen je echter beletten om die stap te zetten, zoals bijvoorbeeld symptomen van sociopathie, borderline of andere persoonlijkheidsstoornissen... Hoe je in het leven staat, heeft ook heel veel te maken met of je al dan niet bent opgegroeid in een warm nest. Het zou me te ver leiden om daar allemaal in detail op in te gaan. Die factoren spelen echter een belangrijke rol, zelfs meer dan we vaak zouden vermoeden.

In elk geval is het zo dat je eigen levensverhalen, de kleine of grote crisissen in je leven een heroriëntering en een herbronning kunnen betekenen. Veel hangt samen met vertrouwen, het fundamenteel vertrouwen dat je in jezelf

en in de anderen hebt maar ook met nieuwe kansen die je krijgt en aangrijpt. In dit verband lijkt het mij interessant om Ivan Boszorméni-Nagy aan te halen, de grondlegger van de contextuele therapie.[45] Hij gebruikt de metafoor van de balans van het geven en het nemen om onze ethisch-relationele relaties te beschrijven.
Boszorméni-Nagy stelt dat je in het leven geeft en terugkrijgt. Of iemand neemt terug. 'Nemen' duidt in deze context op het aspect van zelfzorg, terwijl 'ontvangen' verwijst naar het receptieve karakter in de relatie. Beiden zijn belangrijk in de relatie. Hij stelt dat het in een relatie rechtvaardig is wanneer de baten en de lasten billijk zijn verdeeld. Wanneer een van beide partijen wordt uitgebuit en/of misbruikt, wordt de relatie onrechtvaardig en onbetrouwbaar. Een mens heeft het recht en de keuze om zakelijke relaties, vriendschapsrelaties of liefdesrelaties te verbreken vanwege deze uitbuiting, doch bloedverwantschap – hieronder verstaat Boszorméni-Nagy existentiële relaties – is onverbrekelijk. Als existentiële relaties onbetrouwbaar zijn geworden, dan lijden alle partijen daaronder.

Ik wil zelfs nog een stap verder gaan door te stellen dat verbroken relaties, of ze nu zakelijk, vriendschappelijk of amoureus van aard zijn, ook zwaar menselijk lijden, depressies en stress met zich kunnen meebrengen.

In de rand wil ik ten slotte ook nog vermelden dat, naast de toepassing van de territorium- en communicatietheorie, het wenselijk kan zijn om te werken aan een nieuwe taakverdeling binnen je relatie/je gezin. Met pensioen gaan betekent dat je levenssituatie verandert. De typische rollen van mannen en vrouwen zijn ondertussen dooreengeschud, toch blijven een aantal traditionele taakverdelingen bij veel koppels overeind! Je kan daarvan afwijken of de tradities behouden. Het is in ieder geval belangrijk dat je elkaars behoeften begrijpt en de verschillen ziet. Je kan taken aanleren van elkaar, taken samen doen, afwisseling van taken inbouwen om zo herhaling, eenzijdigheid en eentonigheid te doorbreken. De belangrijkste tip daarbij is wel 'laat de andere het op zijn of haar manier doen'.

“Laat de andere het op zijn of haar manier doen.”

1.6. Zal het mislopen en wat als het misloopt?

Ook tijdens workshops stel ik de maatschappelijke veranderingen vast. Toen de vooroorlogse en de stille generatie met pensioen ging, had ik vooral een mannelijk publiek in de zaal. Het kostwinnersmodel en de patriarchale maatschappij waren een feit. Ondertussen zie ik veel werkende vrouwen die met pensioen gaan. Het kostwinnersmodel is gewijzigd in het tweeverdienersmodel.
Echtscheidingen waren bij de vooroorlogse generatie en de stille generatie nauwelijks aanwezig. Veel vrouwen bleven bij hun partner omwille van een economisch gegeven. Ze hadden te weinig pensioen opgebouwd om zelfstandig een leven uit te bouwen. Daardoor bleven ze bij hun partner. Ondertussen hebben veel vrouwen wel gewerkt en staan ze er economisch sterker voor. Echtscheidingen worden maatschappelijk gezien ook meer aanvaard.

Dirk De Wachter haalt nog een belangrijk inzicht naar voren. Hij stelt in zijn boek 'Liefde, een onmogelijk verlangen?' dat liefde in haar voortbestaan bedreigd wordt door het hedendaags consumentisme en de kwalijke illusie dat alles maakbaar is.[46] Daarom houdt hij terecht een pleidooi om 'gewoon' te doen. Want alleen dan, als we niks forceren, kan de liefde in haar volle glorie verschijnen.
Als we een liefdesrelatie starten, en veel min-30-jarigen zijn die mening toegedaan, dan gaan we ervan uit dat die liefde altijd zal blijven bestaan. We geloven in de oneindigheid van de romantische liefde. We zijn allen op zoek naar duurzaamheid in onze liefdesrelatie, maar vaak raakt de liefde op en dan beginnen we met een nieuwe relatie, en nog een... vaak nog voor men aan duurzaamheid toekomt. Velen willen zich niet meer binden, zich niet meer hechten, zich niet meer engageren in meer dan verliefdheid alleen. Ze zijn bang voor nabijheid en intimiteit, voor tekorten en voor het anders-zijn van de geliefde. Anderen houden het na twintig of dertig jaar voor bekeken en gaan op zoek naar het gras dat groener is aan de andere kant.
We oordelen snel, maar het is goed om het citaat van Dirk De Wachter steeds in gedachten te houden: 'Zij die denken te weten wat mag en moet in de liefde, zij dwalen.'

Een huwelijk zou zijn uiterste houdbaarheidsdatum gemiddeld na elf jaar reeds bereikt hebben[47], ondanks het feit dat de meeste trouwlustigen denken dat hun huwelijk minstens twintig jaar zal standhouden. Mensen gaan een relatie aan en blijven alleen samen als ze er individueel voordeel uithalen, aldus de Nederlandse socioloog Frank Furedi. 'Wanneer je trouwt, denk je niet in cijfers,' zegt hij. En nog: 'Als je op voorhand denkt dat de kans groot is dat je elf jaar samenblijft, dan is het hele ritueel zinloos. Als je deze lijn zou doortrekken dan kun je het concept van duurzame relaties helemaal afvoeren.'

Ik maak in de workshops ook nu en dan mee dat mensen hun pensioen uitstellen omdat ze het niet zien zitten om dagdagelijks, dag in dag uit met hun partner samen te leven. Anderen zetten de stap om in relatietherapie te gaan. Nog anderen scheiden. Meestal loopt het echter niet zo'n vaart, en zoekt men een manier om toch samen gelukkig ouder te worden. De handleiding van Dirk De Wachter rond 'gewonigheid' – gelukkig zijn met gewone dingen – kan hierbij wellicht hulp bieden.

Uit het Vlaamse Sexpert-onderzoek van 2012[48], waar 14- tot 80-jarigen werden bevraagd rond hun relaties en seksleven, is onder meer naar aanleiding van de Maudsley Martial Questionnaire (MMQ) gebleken dat mannen tevredener zijn dan vrouwen met de relatie en dat de 70- tot 80-jarigen het meest tevreden zijn over hun relatie. Een en ander heeft te maken met hechtingsgedrag. Vrouwen scoren hoger op de Experiences in Close Relationships-Revised (ECR-R) vragenlijst als het gaat over de zogenaamde onveilige hechtingsstijlen (de angstige of vermijdende hechting).

'The wheel of power and control' (Domestic Abuse Intervention Project, Minnesota)[49] kan interessante inzichten opleveren om te zien of jij in een evenwaardige en gelijkwaardige relatie zit. De mate van afhankelijkheid van je partner zou je in sommige gevallen ook wel 'inter-dependence' kunnen noemen. Maar er kan ook een ineffectieve vorm van afhankelijkheid zijn, namelijk 'co-dependency'. Co-dependency is een aandoening waarbij volwassen mannen en vrouwen moeite hebben om op een functionele wijze om te gaan met de volgende vijf basisthema's:

- Moeite om een gezonde eigenwaarde te ontwikkelen.
- Moeite om gezonde grenzen te hanteren en aan te houden.

- Moeite om op een functionele manier om te gaan met leerprocessen, fouten maken, zich kunnen ontwikkelen.
- Moeite om voor de eigen volwassen behoeften te zorgen.
- Moeite om op een functionele en gepaste wijze uiting te geven aan de eigen gevoelens en waarheid.

Sadock & Sadock[50] kaderen de mogelijke problemen mooi als volgt:

- **Dergelijke liefdesrelaties** (maar het kan ook gaan over de relatie met bijvoorbeeld je moeder, je vader, andere familieleden...) **lopen vaak moeizaam**. Je hebt vaak last van verlatings- of bindingsangst, er heerst een paniekerig gevoel wanneer je je partner niet meteen kan bereiken, je stelt je afhankelijk op en je weet niet echt wat je wil/voelt/denkt, je geeft veel van je eigen waarden weg om maar niet te worden afgewezen...
- **Gebrek aan zelfvertrouwen**: je hebt het gevoel dat je nooit genoeg bent als je jezelf bent, je weet niet wie je nou eigenlijk echt bent, je durft niet voor je eigen mening uitkomen, je hebt altijd de behoefte je aan te passen aan wat anderen vinden/willen/voelen, je kan slecht tegen kritiek terwijl je zelf wel heel kritisch kunt zijn, je bent erg streng voor jezelf, je bouwt je eigenwaarde op op basis van wat anderen van je vinden.
- **Gevoelens van schaamte**: je hebt het gevoel dat je je voor jezelf moet schamen, dat andere mensen altijd beter zijn dan jij, je geneert je wanneer je een foutje gemaakt hebt, je voelt je onbelangrijk.
- **Zorgen voor anderen en pleasen**: je hebt het gevoel dat je altijd voor anderen moet zorgen en klaarstaan, je voelt je verantwoordelijk voor andermans gevoelens en acties, je cijfert jezelf volledig weg tijdens dit proces, je loopt je eigen grenzen ver voorbij, je weet niet waar jouw grenzen liggen.
- **Woede**: je wordt boos wanneer iemand niet naar jou luistert of doet wat je zegt, je bent kwaad wanneer iemand jouw grenzen overgaat zonder dat je deze duidelijk hebt aangegeven, je lacht als je eigenlijk boos bent, je wordt boos omdat onuitgesproken verwachtingen niet worden waargemaakt.

- **Controle**: je bent gefrustreerd wanneer iemand anders niet luistert naar jouw advies, je probeert iemands gedrag op allerlei manieren te bewerken of te beïnvloeden, je zegt ja of nee tegen iemand, maar intussen doe je toch gewoon wat jij denkt dat goed is, je hebt moeite om anderen te vertrouwen, je controleert of andere mensen wel de waarheid spreken, je probeert andere mensen afhankelijk te maken door emotionele chantage.
- **Eenzaamheid**: je voelt je alleen en je legt een groot wanhopig gevoel aan de dag zodat iemand je moet komen helpen, je voelt je letterlijk afhankelijk van andermans hulp, je hebt het gevoel nergens écht bij te horen, je kan niet alleen zijn.
- **Ontkenning van emoties en behoeftes**: je wil niet werkelijk aan jezelf toegeven wat je nu voelt, je lacht je gevoelens weg maar je uit onderhuids wel woede (passief-agressief gedrag), je zoekt afleiding in te veel werken, alcohol, seks... Je loopt weg van je eigen emoties, je ontkent dat je in een ongezonde relatie zit, je gelooft de leugens van anderen waarvan je diep vanbinnen aanvoelt dat ze niet waar zijn.

Het is een open deur intrappen om te stellen dat 60-plussers vaak geconfronteerd worden met problemen van relationele en/of seksuele aard. Naar een relatietherapeut of een seksuoloog stappen, ligt voor deze generatie nog wat moeilijk. Indien 60-plussers toch naar een relatietherapeut stappen, komen ze met heel uiteenlopende vragen[51]: praktische bezorgdheden, rolomkering (bij familietherapie), psychische kwetsuren, terugblikken op het eigen leven en in het reine komen met fouten, eerdere conflicten,...

1.7. Seks en intimiteit op rijpere leeftijd

Mannen en vrouwen van vijftig of negentig zijn allemaal 50-plussers, maar tussen de jongste en de oudste zitten veertig jaar én een seksuele revolutie. Bepaalde generaties zijn dus opgevoed met torenhoge taboes. Andere generaties spreken over masturbatie en orale seks als doodnormale onderwerpen.

> *"Op liefde, seks en intimiteit staat geen leeftijd!"*

Enkele decennia geleden werd algemeen aangenomen dat de passie, en daarmee ook de fysieke intimiteit of het seksuele leven, na verloop van tijd verdwijnt. Ondertussen weten we dat in veel partnerrelaties tot op hoge leeftijd een verlangen naar seksueel contact blijft bestaan. Zoals in elke relatie zijn er ook in relaties op latere leeftijd weleens verschillen tussen de seksuele noden van beide partners. Daarom blijft het een uitdaging om tot een compromis te komen waarin beide partners zich tevreden, gerespecteerd en veilig voelen.

Liefde, seks en intimiteit op leeftijd? Op liefde, seks en intimiteit staat geen leeftijd! Het is wel een gegeven dat seksuele problemen stijgen naarmate de leeftijd stijgt. Wie daar meer over wil lezen, kan ik mijn boek 'Mannen willen seks, vrouwen willen intimiteit; wat 50-plussers er werkelijk zelf over denken' aanbevelen. Een ander interessant boek waarvoor Vlaamse 14- tot 80-jarigen werden bevraagd over hun seksuele gezondheid is het boek 'Sexpert'. Twee aanraders!

1.8. Op zoek naar nieuw geluk of alleen door het leven?

Soms loopt het mis. Uit onderzoek is gebleken dat rijpere mannen vlugger een nieuwe relatie aangaan dan vrouwen en dat ze daarbij eerder kiezen voor een groen blaadje.
Veel mensen zijn daarbij op zoek naar een nieuwe relatie alvorens in het reine te zijn met de vorige, en vooral met zichzelf! Dat leidt er vaak toe dat nieuwe relatiepogingen niets dan ellende veroorzaken, dat mensen anderen eigenlijk een rad voor de ogen draaien en zowel anderen als zichzelf kwetsen.

De prioritaire vraag is: sta je open voor een nieuwe liefde? En wanneer sta je open voor een nieuwe relatie, na het verlies van je vorige partner? Dit zal anders zijn na een scheiding dan na een sterfgeval. Afsluiten, verdergaan, openstellen: niet iedereen kan zomaar afsluiten, het verleden een plaats geven en loslaten.

Velen hebben het ritme van het alleen wonen ontdekt en voelen zich er goed bij.
Uit een studie van het Centraal Bureau voor de Statistiek in Nederland (2009) is gebleken dat hoe ouder singles zijn, hoe minder zij een vaste relatie nog zien zitten.[52] Vooral vrouwen blijven op latere leeftijd liever alleen. Van de 65- tot 79-jarige vrouwen wil zelfs bijna 70% geen relatie meer. Voor de singles is het vooral belangrijk dat ze hun vrijheid kunnen bewaren. Vrouwen geven bovendien vaker dan mannen aan dat een relatie alleen maar problemen met zich meebrengt en dat ze er geen hoge verwachtingen van hebben. Vrouwen boven de 65 zijn daarnaast vaker alleen dan mannen. Dit komt omdat vrouwen gemiddeld een hogere levensverwachting hebben dan mannen.
Anderen kunnen er maar niet aan wennen om alleen te zijn en stellen een lijstje op aan welke criteria een nieuwe partner best voldoet. Maar hoe die nieuwe partner te vinden? Via vrijgezellenfeestjes? Via een relatiebureau of via datingsites? Bij rondvraag blijkt Parship.be een vaste waarde in het circuit te zijn. Vooral de persoonlijkheidstest die professor Schmale, een van de oprichters van Parship, in 2001 heeft ontwikkeld, is enorm populair. De test bestaat uit een vrij lange vragenlijst die persoonlijkheidskenmerken moet blootleggen die relevant zijn voor een langdurige en gelukkige relatie. Daarnaast peilt de vragenlijst ook naar wat je verwacht van een relatie en wat al dan niet belangrijk voor je is.
Er bestaat dus echt kaf en koren wat datingsites betreft. Vooraleer je je stort in een nieuw verhaal, surf zeker eens op www.lovelab.be vooraleer keuzes te maken...

Daten voor gevorderden

Het liefdespad van de oudere single kan behoorlijk hobbelachtig en doornig zijn. Maar degenen die de moed opgaven, kunnen onverwacht toch nog op de grote liefde in hun leven stuiten.

'Ik hou niet van het woord 'daten'. Ik gebruik liever het woord 'ontmoeten', poneert Monique (64 jaar): *'Het klinkt misschien gek, maar bij een ontmoeting denk ik aan iemand leren kennen en kijken of je op dezelfde golflengte zit, zonder dat geforceerde sfeertje dat voor mij gepaard gaat met het woord 'daten'. Het woord 'ontmoeting' brengt me in de goede stemming. Ik trek iets leuks aan, besteed wat extra zorg aan make-up en kapsel zonder te overdrijven en ben niet zenuwachtig, alleen nieuwsgierig. We zien wel...'*

1.9. Hetzelfde maar anders

Meer en meer is het belangrijk om ook aandacht te besteden aan genderidentiteit en seksuele diversiteit op rijpere leeftijd. Dit getuigen de volgende quotes[53]:

'Ik was voorlopig bewindvoerder voor mijn achternicht. Bij haar overlijden midden in de nacht, zijn noch ik, noch haar (vrouwelijke) partner verwittigd. Enkel haar zus kreeg bericht. Dat is me heel erg bijgebleven.'

(Maria, 62)

'Ik had onlangs een onderzoek voor mijn heupen. Ik stond daar bijna naakt, maar wel met mijn bh aan. En dan zegt men nog 'meneer' tegen mij. Dat kwetste.'

(Marleen, 65, transvrouw)

'Ik vind dat ik te laat begonnen ben aan de 'nieuwe versie' van mezelf. Ik ben vrouw, ik voel me vrouw en ik neem hormonen, maar ik zie het niet meer zitten om bepaalde delen van mijn lichaam te laten opereren. Het zijn dus niet allemaal 'mannen' en 'vrouwen' die naar de woonzorgcentra zullen komen, er zijn ook tussenvormen.'

(Zoë, 69, transvrouw)

'Ik ben 18 jaar getrouwd geweest en ik heb twee volwassen kinderen. Mocht ik indertijd een serieuze inleiding gekregen hebben over homoseksualiteit en wat zulke relaties kunnen inhouden, dan zou ik nooit getrouwd zijn met een man.'

(Maria, 62, lesbisch)

'Ik ben nu 8,5 jaar vrouw. Mijn anders-zijn had ik nooit eerder ten volle beseft, maar eigenlijk zit het al in mij van sinds ik kind was. Ik ben gehuwd en ik heb hierdoor mijn vrouw en mijn kinderen ongelukkig gemaakt. En daar voel ik me echt niet goed bij.'

(Vincianne, 62, transvrouw)

'In een leugen leven, is niet leefbaar. Nou ja, dat is het wél, maar het zorgt ervoor dat mensen minder spontane contacten zullen leggen of zich veel meer zullen isoleren, altijd op hun hoede zijn voor vragen als: Ben je getrouwd geweest? Waarom niet? Oh, je hebt geen kinderen, waarom niet?'

(Sien, 66, psychotherapeute)

2. Familierelaties in woelige tijden

Met pensioen gaan betekent niet alleen dat je veelal terugvalt op je partner. Je wordt misschien ook meer intensief betrokken bij (de zorg voor) ouders, schoonouders en (klein)kinderen. Voor velen ligt daar de zingeving, voor anderen is het moeilijk om een evenwicht te vinden binnen de intergenerationele relaties. Dat familierelaties zich in boeiende maar woelige tijden bevinden, is een gegeven waar je maar beter rekening mee houdt.

2.1. Ik solidair, jij ook solidair?

Vroeger kenden we grote gezinnen. De vergrijzing en de geboortebeperking hebben echter geleid tot een verticalisatie van de generaties: er zijn meer verschillende generaties in leven met minder grote gezinnen. Ook vallen veel kerngezinnen uiteen en krijgen we te maken met patchworkgezinnen met kinderen en pluskinderen.

Familieleden van verschillende generaties zullen bijgevolg lange jaren samen met elkaar door het leven gaan. De intergenerationele solidariteit die daaruit voortvloeit, zal bij grotere hulpbehoevendheid van de oudste generatie daardoor meer kunnen gedeeld worden door verschillende kinderen. Maar andere factoren spelen ook een grote rol. Zo is mede door de emancipatie van de vrouw het tweeverdienersmodel ontstaan waardoor mannen én vrouwen uit werken gaan en minder tijd hebben voor (mantel-) zorg. Daarnaast heeft de geboortebeperking als gevolg dat vrouwen vruchtbaarheid over een langere periode kunnen spreiden. Bovendien kiezen vrouwen vaak op jonge leeftijd voor een carrière en stellen de kinderwens uit. Dit alles heeft natuurlijk een directe weerslag op hun beschikbaarheid als traditionele hulpverlener voor de jongere én oudere generaties.

> *“Dit wil daarom niet zeggen dat we niet meer zorgen voor elkaar en dat er geen onderlinge solidariteit meer aanwezig is.”*

Kalmijn heeft drie theorieën beschreven rond onderlinge solidariteit tussen generaties, die telkens vanuit een verschillend mensbeeld vertrekken.[54] Een eerste theorie – met als basis de economie – is de **ruiltheorie**, waarbij gesteld wordt dat mensen rationele wezens zijn en iets voor een ander doen omdat ze iets terugkrijgen. **Altruïsme** is een tweede theorie, vooral uitgewerkt vanuit de (sociale) psychologie: men doet iets voor een ander omdat men om die ander geeft. Een derde theorie – gebaseerd op de klassieke sociologie – legt de **focus op normen**, zijnde algemeen aanvaarde verwachtingen over hoe iemand zich moet gedragen. Zo ontstaan er verschillende vormen van solidariteit.

Het is niet omdat onze (schoon)ouders niet vaak meer inwonen bij hun kinderen, dat we niet meer zorgen voor elkaar en dat er geen solidariteit meer bestaat tussen de generaties. Er zijn echter verschillende vormen van solidariteit ontstaan. Ik noem er hier – op basis van Bengtson & Schrader[55] – een aantal op: de normatieve solidariteit, de consensuele solidariteit, de affectieve solidariteit, de associatieve solidariteit, de functionele solidariteit en de structurele solidariteit.

- Strikt gezien wijst de **normatieve solidariteit** op een aantal normen, waarden en verplichtingen die generaties meedragen en die in een familie bestaan. Een voorbeeld: in jouw familie bestaat de norm dat je vader en moeder in huis moét nemen eens ze zorgbehoevend worden. Een ander voorbeeld: in jouw familie bestaat de norm dat je als kind niet in het buitenland woont, eens je ouders of een van hen zorgbehoevend zijn. Die 'afspraken' berusten vaak op maatschappelijke beeldvorming en op waarden die vaak van in de kindertijd werden meegegeven. Op die manier zijn de waarden echter niet gebaseerd op een wederzijdse consensus. Dit kan de kwaliteit van de familiale relaties negatief beïnvloeden.
- Het begrip **consensuele solidariteit** verwijst naar de intergenerationele congruentie in attitudes. Het begrip verwijst dus naar de gemeenschappelijke waarden, opinies en attitudes die eigen zijn aan een familie en die opgebouwd werden gedurende de jaren van de opvoeding van de kinderen.

- De **affectieve solidariteit** verwijst naar de emotionele band tussen ouders en hun nakomelingen (de kwaliteit van de relaties). De wederzijdse positieve gevoelens zijn normaal het sterkst tijdens de kinderjaren, verminderen tijdens de adolescentie om dan terug op te flakkeren en bestendig te worden tijdens de volwassenheid. Bijgevolg zal de affectieve solidariteit een grotere plaats innemen bij ouderen dan bij jongeren. Het begrip 'generational stake' verwijst naar de grotere inzet van ouderen om positieve intergenerationele relaties in stand te houden.
- De **associatieve solidariteit** is het face-to-facecontact en allerlei andere vormen van contact tussen de generaties. Bij associatieve solidariteit speelt niet alleen de frequentie van de contacten maar ook de inhoud ervan een belangrijke rol.
- De **functionele solidariteit** berust op de intergenerationele uitwisseling van steun en hulp tussen de generaties. Zo zullen ouders hun kinderen eerder financieel bijstaan, terwijl kinderen eerder instrumentele hulp (= praktische hulp) zullen bieden. Hieruit blijkt dat intergenerationele solidariteit in twee richtingen gaat: van de ouders naar de kinderen en van de kinderen naar de ouder.

Is solidariteit evident en wordt het automatisch gedaan? Wat met gevoelens van afhankelijkheid? Onafhankelijkheid? Frustratie? Solidair moeten zijn of solidariteit moeten ontvangen, kan een vergiftigd geschenk zijn voor de gever en/of voor de ontvanger wanneer ze niet ingebed is in gevoelens van vrijwilligheid en affectie. Solidariteit is dus niet alleen afhankelijk van de gever, maar ook van diegene die solidariteit moet/wil aanvaarden.

Dus, ook al wordt het in de volksmond soms aangehaald, er is géén oorlog tussen de verschillende generaties. De verschillen tussen hen worden alleen meer en meer duidelijk.

2.2. De sandwichgeneratie 2.0

Wanneer je om en bij de 60 jaar bent (voor de één vroeger, voor de ander later), zal je wellicht met heel wat familiale veranderingen geconfronteerd worden. Indien je geen single bent en je hebt kinderen, dan zal je je regelmatig tussen verschillende vuren bevinden. Ieder familielid heeft zijn eigen moeilijkheden en uitdagingen. Je ouders en schoonouders kunnen bijvoorbeeld meer zorg van je vragen. Het kost je vaak veel tijd en energie (zowel fysiek als emotioneel) om je ouders zo lang mogelijk zelfstandig thuis te laten wonen. Je kinderen gaan alleen wonen, samenwonen of trouwen... of gaan uit elkaar en komen terug bij je intrekken, net nu je van plan was om zelf te verhuizen. Sommige oma's en opa's vullen de opvang van de kleinkinderen aan. Sommigen *zijn* gewoonweg de opvang. Het feit van 'met pensioen te zijn', 'beschikbaar te zijn' staat je familie toe om op jou beroep te doen of om misschien van jou gebruik te maken of te profiteren, zonder dat dit doelbewust gebeurt. Waar je je er vroeger nog kon uitpraten door te zeggen dat je het druk had op het werk, staat iedereen nu in de wachtrij voor jouw hulp.

Het komt er op aan dat je je eigen wensen, je eigen keuzes en je eigen noden niet uit het oog verliest. Het is daarom belangrijk om in het begin van je pensioen je familie duidelijk te maken wat je wil en niet wil, wat je kan en niet kan opnemen. 'Me-time' in te bouwen. Dan pas is het mogelijk om je eigen keuzes te maken en tegemoet te komen aan de verwachtingen van anderen.

"Het is daarom belangrijk om in het begin van je pensioen je familie duidelijk te maken wat je wil en niet wil, wat je kan en niet kan opnemen."

De generatie van de 50- à 65-plussers wordt ook wel eens de 'sandwichgeneratie' genoemd. Een decennium geleden waren dit nog de babyboomers, degenen die behoorden tot de protestgeneratie. Maar ondertussen valt de generatie X ten prooi aan het 'gesandwicht' worden. Dit is de generatie die 'geklemd' kan zitten tussen enerzijds de zorg voor kinderen/kleinkinderen en de zorg voor ouders/schoonouders. Of misschien behoor je niet tot de sandwichgeneratie maar maak je regelmatig een sandwichsituatie mee?

Je denkt dat je eindelijk je eigen leven op de rails hebt. Je hebt wellicht een eigen stek, een behoorlijk loon, een stel kinderen die volop aan hun toekomst timmeren, misschien al een paar kleinkinderen waarbij je het tekort aan tijd van omgaan met je eigen kinderen kan goedmaken. Je hebt wilde plannen om naar het buitenland te verhuizen of de wereld rond te reizen met vrienden in de mobilhome. En net dan duikt de zorg voor je ouders en schoonouders op.

Er wordt zo intens uitgekeken naar extra vrije tijd, naar vrijheid, naar het stressvrij en zorgeloos genieten. En dan steekt de zorg – en in veel gevallen ook de stress – de kop op.

> *"Het 'zorgen voor' kan een enorme verrijking voor je zijn, maar het kan je ook een beklemmend gevoel geven."*

Het 'zorgen voor' kan een enorme verrijking voor je zijn. Als je je echter 'geprangd' voelt bij de zorg, als het aanvoelt alsof je op een wip zit waarbij je voortdurend je evenwicht moet zien te houden, met langs de ene kant de vorige generatie die steeds ouder wordt en langs de andere kant de jongere generatie die graag zo lang mogelijk thuis wil blijven wonen, dit vaak nog in combinatie met de zorg voor een aantal kleinkinderen: het kan je een beklemmend gevoel geven. En toch wordt het allemaal gedaan, uit liefde en respect voor iedereen.

2.3. Zorgen voor je (schoon)ouders: geprangd of genieten?

Een 60-jarige man kiest voor een uitstapregeling op het werk, met de bedoeling om tot rust te komen. Maar het lukt hem niet. Zijn vrouw en hijzelf vangen vaak de vijf kleinkinderen op. Zijn moeder, die enkele straten verder woont, is hulpbehoevend na een hartinfarct. Door die grote zorg staat ook de relatie met zijn vrouw de laatste maanden onder spanning.

Hij kan dit niet meer aan en wil echt meer tijd voor zichzelf, maar voor zijn vrouw komen de kleinkinderen op de eerste plaats.

Een dame van 61 is moeder van vijf kinderen tussen de 21 en 30, van wie er nog drie thuis wonen. Ze heeft twee kleinkinderen die ze tijdens de vakantie opvangt. Haar grootmoeder woonde tot vorige zomer nog bij haar in. Ze heeft haar twee jaar lang fulltime verzorgd, tot ze op haar 98ste gestorven is. Haar schoonmoeder is vorig jaar weduwe geworden. Zij woont nog zelfstandig, maar als oudste schoondochter helpt ze haar zoveel ze kan. Ze werkt niet meer buitenshuis, zou echt niet weten hoe ze zorg en carrière zou moeten combineren.

Een 60-jarige maatschappelijk werkster is sedert haar pensioen betrokken bij de zorg voor haar ouders en haar kleinkind. Ze hoeft niet elke dag voor haar kleinkinderen te zorgen. Ze hoeft ook niet elke dag naar haar 90-jarige ouders toe te gaan. Toch voelt ze zich niet meer vrij. Op ieder moment kunnen de ouders bellen met de melding dat ze gevallen zijn, dat ze ergens naartoe moeten gevoerd worden. Ook op ieder moment kunnen ze van de crèche bellen dat de kleinkinderen koorts hebben en opgehaald moeten worden. De vrouw in kwestie leeft sedert haar pensioen dag en nacht met haar gsm op zak. Haar agenda is eigendom geworden van haar ouders, haar kinderen en haar kleinkinderen. Het voelt voor haar aan alsof ze 'geketend' is. De tip die ze aan anderen wil geven: 'Zorg dat je een goede relatie hebt met je ouders en je (klein)kinderen, maar bouw met hen geen al te hechte band op. En vooral: behoud het beheer over je eigen agenda. Mijn kinderen kennen mijn agenda nu beter dan ikzelf. Dat is mijn grote werkpunt.'

Ben je een partner? Dan maakt het niet uit of je man of vrouw bent: je zorgt voor je partner als dit nodig is. Ben je een vrouw? Dan is de kans twee op drie dat je een 'sandwichvrouw' bent. Bij de sandwichgeneratie wordt bijna altijd aan vrouwen gedacht. Dat is niet vreemd, gezien het feit dat het merendeel van degenen die instaan voor mantelzorg vrouwen zijn. Recent onderzoek in 2014 geeft aan dat van de informele zorgverleners in de leeftijdsgroep van 25 tot 79 jaar 57% van het vrouwelijk geslacht is. Bij geregistreerde mantelzorgers – zij die zich registreerden als mantelzorger omwille van de hulp aan iemand met een zware zorgbehoefte en die een tegemoetkoming ontvangen van de Vlaamse zorgverzekering – van dezelfde leeftijdsgroep ligt het aandeel vrouwen nog hoger, namelijk op 68%.[56]

Van diegenen die instaan voor mantelzorg zijn het vaak ook nog eens de oudste dochters. Heel frequent is het zelfs eerder de schoondochter dan de eigen zoon die zorgt. Zonen helpen op een andere manier. Zij werken in de tuin, klussen in of rondom het huis of doen administratieve taken, zoals het invullen van belastingsformulieren. De dochters of schoondochters daarentegen zijn meestal verantwoordelijk voor de dagelijkse taken, zoals het huishouden, het eten klaarmaken en de persoonlijke verzorging. Maar vaak wordt die zorg te zwaar, vooral omdat heel wat sandwichers ook nog uit werken gaan en daardoor te weinig tijd hebben om in die zorg te voorzien. 'Hoeveel vrije tijd heb ik zelf nog?' is de vraag waar heel wat sandwichers terecht mee kampen.

Voor velen is 'zorgen voor' een erg bewuste keuze. Anderen rollen als het ware in de zorg: er worden daar nooit echt vragen over gesteld, je vindt het – afhankelijk van de cultuur waartoe je behoort, de gezondheidssituatie waar je (schoon)ouders zich in bevinden en de opvoeding die je hebt gekregen – vanzelfsprekend. Met andere woorden: 'je doet het gewoon'. En voordat je het goed en wel beseft, zit je tot over je oren in de zorg en moet je noodgedwongen aan de alarmbel trekken.

> Een mannelijke 60-plusser getuigt: *'Ik zie mijn kleinkinderen dolgraag, ik vind mijn moeder de liefste vrouw ter wereld, maar ik voel dat ikzelf de pedalen aan het verliezen ben. Ik kan dat zorgen niet meer aan, vooral omdat de relatie met mijn vrouw eronder lijdt. We staan soms mijlenver van elkaar omdat we op dat vlak niet altijd aan hetzelfde zeel trekken. Ik wil mijn relatie niet kapot zien gaan omwille van een te grote zorgstress.'*

Zorgen voor je (schoon)ouders kan zorgstress met zich meebrengen, maar ook relatie- en netwerkstress. Het netwerk met je broers en zussen kan (tijdelijk) verstoord raken. De relatie met je (schoon)ouders kan in het gedrang komen, vooral als de relatie met je (schoon)ouders steunt op een wankel verleden, opgebouwd uit veel pijn en verdriet. Ook de relatie met je partner kan daardoor in het gedrang komen en/of er kunnen spanningen optreden. Rationeel weet je soms dat je niet goed bezig bent. Emotioneel echter kan je hart bloeden als je je voorneemt om minder te zorgen. Je wil goed doen voor je ouders, want zij waren in het beste geval goed voor jou. Maar je wil ook goed doen voor je partner, die vindt dat je je te veel met je (schoon)ouders inlaat. Dat zorgen kan als het ware in je natuur ingebakken zitten. Andere vrouwen hebben dat zorgende niet in zich. Soms komt chaos de kop opsteken en wordt het je te veel. Soms ontstaat het gevoel dat je als mens 'geleefd' wordt in plaats van te leven, dat je constant bezig bent met wassen, eten maken, strijken, voor je (schoon)ouders of voor je kleinkinderen zorgen. Voor velen past dit niet in hun toekomstplaatje, en dat maakt het leven zwaarder dan verwacht. Het is niet voor niets dat sociale overbelasting optreedt en niet sociale isolatie zoals velen beweren.

Uit onderzoek van bijvoorbeeld Dautzenberg blijkt dat je diverse redenen kan hebben om te zorgen.[57] Soms weet je ook zelf niet waarom je zorgt. Ik heb hierboven al even vermeld dat je kan zorgen omdat je dit vanzelfsprekend vindt. In onderzoek wordt ook de verplichting tegenover ouders genoemd. Je voelt het aan alsof je dit verschuldigd bent aan je ouders, een behoefte om iets terug te doen. Je kan natuurlijk ook zorgen omdat de emotionele band met je ouder sterk is en omdat je veel liefde voor elkaar voelt.

Het is soms als dansen op een slappe koord. Mag je of moet je? Kies je voor je verstand of toch maar weer voor dat buikgevoel? Kies je om die ene dag voor je ouders te zorgen of voor je kleinkind? Of voor alle twee? Vooral in een katholieke opvoeding speelt schuldgevoel vaak een grote rol. Nu nog steekt dit bij veel mensen de kop op: 'als we kiezen voor onszelf, dan vinden ze ons egoïstisch. Maar velen beseffen niet waarom het nodig is om voor jezelf te kiezen. Je loopt niet te pronken met de problemen die je op diverse fronten ervaart'. Dat speelt heel sterk bij vrouwen. Het zorgende karakter werd bij hun generatie vaak met de paplepel meegegeven. Op zich is daar niets mis mee en heeft niet iedereen daar moeite mee. Veel mensen zorgen echt graag, omdat ze er ook veel liefde voor terugkrijgen. Het maakt hen gelukkig. Het feit er te kunnen zijn voor de kinderen, kleinkinderen en (schoon)ouders maakt hen gelukkig.

Is de zorg eerlijk verdeeld? Vaak horen we zeggen dat de ene al gemakkelijker eigen grenzen kan stellen dan de andere. Velen moeten 'zorgen' om zich goed te voelen. Daardoor cijferen ze zich gemakkelijker weg en doen ze niet de moeite om grenzen te trekken.

Een man getuigt: *'Mijn alleenstaande moeder komt deze week thuis na een intensieve knieoperatie. Ik verplicht mezelf nu om haar niet elke dag te bezoeken, ook al word ik er als het ware naartoe gezogen. Puur om mezelf te beschermen, doe ik het niet. Maar ik weet nu al dat dit ook mij pijn zal doen.'*

Velen onder ons zit het niet in het bloed om grenzen te stellen. En als enig kind is het bijvoorbeeld ook logisch dat de zorg bij die ene persoon terechtkomt. De druk kan ook vanuit de ouders zelf komen. Grenzen stellen is belangrijk maar ook zeer moeilijk. Hoe blijven we betrokken en bewaren we toch een gezonde afstand? Ook dat heeft met onze opvoeding en cultuur te maken. We slikken veel om de lieve vrede te bewaren. Er wordt gezegd dat jonge senioren mondig en assertief zijn, maar vanuit de praktijk weten we dat dit niet altijd zo is als het om 'zorgen voor' gaat. We pakken de dingen omzichtig aan omdat we ons gezin en onze familie graag zien. Maar net daardoor blijven ergernissen en frustraties borrelen en barst die bom uiteindelijk toch. Laat die fluwelen handschoen in dergelijke situaties links liggen. Durf op te komen voor jezelf en trek bepaalde grenzen.

We hebben allemaal verschillende rollen die we het liefst tegelijkertijd invullen. We zijn niet alleen de vrouw en moeder van, maar ook de grootmoeder, de dochter of de werknemer. Deze rollen conflicteren vaak bij 'sandwichers'. En net dat zorgt voor extra stress. Maar het vervullen van meerdere rollen kan ook voldoening geven. De stress uit de ene rol wordt gecompenseerd door voldoening uit de andere rol. En dat is wat de vrouw die we hierboven schetsten, heel duidelijk voelt. Als de ene rol te zwaar wordt, gooit ze zich in de andere rol om even op adem te komen. Verschillende rollen combineren hoeft dus niet noodzakelijk negatief te zijn.

Een 60-plusser uit een van mijn workshops noemt zichzelf behorend tot de 'sloef'-generatie: *'Ik lig onder de 'sloef' van mijn 90-jarige moeder.'*

Een andere 60-plusvrouw noemt haar generatie de jojo-generatie: *'Je wordt geconfronteerd met zorgbehoevende ouders en schoonouders. Je krijgt te maken met het eigen verouderingsproces, de pensionering die nakend is en dan word je ook nog eens betrokken in een eigen echtscheiding, in echtscheidingen van je kinderen, in eigen nieuw samengestelde gezinnen en die van je kinderen. Je rol wijzigt constant als mama, plusmama, oma en plusoma, nu eens als pakjesleverancier dan weer als opvoeder of als invité voor een hele grote familie. Zo word je als mens van de ene situatie naar de andere geslingerd, van de ene emotie naar de andere. Het wordt er allemaal niet eenvoudiger op. In plaats van stoelen weg te nemen, moet ik steeds stoelen bijkopen. Waar eindigt dit?'*

Een plusoma van 67 jaar getuigt: *'Ik heb zo'n goede relatie met mijn pluskleinkinderen, maar de biologische oma mag het vooral niet weten. Ze zou stikjaloers zijn.'*

In ieder geval is het goed als je kan komen tot een evenwichtige relatie met je (schoon)ouders, of als je de goede relatie met je ouders kan behouden. Veel hangt natuurlijk af van hoe je relatie met hen vroeger was en/of nu is. De ideale situatie is die van de parentale maturiteit (in de context van zorgverlening bij hulpbehoevende ouders): dit is de capaciteit van de oudere ouders om hulp te vragen en te aanvaarden van de kinderen zonder hun eigen autonomie op te geven of de autonomie van hun kinderen te bedreigen. Als je met je ouders en je schoonouders zorgzaam en met veel liefde kan omgaan, kan je een goede voorbeeldfunctie vervullen ten opzichte van je eigen kinderen en kleinkinderen. Alleen is de relatie tussen je (schoon-) ouders en je (klein)kinderen misschien op een heel andere leest geschoeid?

Uit het generatie-onderzoek binnen families blijkt dat ouders hun kinderen ook na het verlaten van het ouderlijk huis steunen. Aan hun jongvolwassen kinderen (18-34 jaar) geven ouders niet alleen emotionele steun (70 à 80%), maar ook advies, huishoudelijke, praktische en financiële steun (20 à 30%). Als kinderen de middelbare leeftijd (45-64 jaar) hebben bereikt, is de balans tussen geven en nemen grotendeels omgeslagen. Driekwart van de kinderen geeft emotionele steun aan hun oude ouders en ongeveer dertig procent geeft hulp bij het huishouden of praktische steun.[58] De solidariteit van de babyboomers met de generaties voor en na hen, zo blijkt, is groot. In familieverband blijken zij vooral gevers.

Tot zover een analyse van familierelaties, waarbij aangetoond werd dat het soms dansen is op een slappe koord. Alle overpeinzingen vallen echter weg als een geliefd familielid opeens palliatief of terminaal wordt. Dan ben je er gewoon voor hen...

2.4. (Plus)oma en (plus)opa zijn: leuk of lastig?

De Nederlandse journaliste Heleen Crul maakte volgende voortreffelijke analyse: 'Ooit, vanaf het midden van de jaren zestig, was het protest van de babyboomers verantwoordelijk voor een gapende generatiekloof en een daverend generatieconflict: alles moest anders. Dat levensmotto geldt nu ook voor het derde bedrijf van hun leven. Ze laten de voorgeprogrammeerde paden die hun eigen (groot)ouders bewandelden, voor wat zij zijn en banen zich een nieuwe, zelfgekozen route. Daar horen de Beatles bij en Bach; sportschoenen en jeans (...). Volle agenda's, beheerst door een tweede studie, een nieuwe tijdrovende hobby, trainen voor de halve marathon of de tenniscompetitie (...) Door het individualiseringsproces is de standaardlevensloop een keuzelevensloop geworden. Daarom mag het grootouderschap nog wel even wachten. Die mening waren mijn man en ik ook toegedaan. Maar je kind beschikt.'[59]

En dan komt het. Voor veel mensen die met pensioen zijn lijkt het opa/oma zijn de ultieme invulling van de pensioentijd. Immers: je eigen kinderen vader en moeder zien worden: spannend! Het doet je anders naar je kinderen kijken. Vaak verandert – versterkt – het de band met je kinderen.

Het grootouderschap kan een ander mens van je maken, net zoals het ouderschap.

Dat er vaak door oma en opa voor de kleinkinderen gezorgd wordt, is een feit. Uit een onderzoek van de Universiteit Hasselt blijkt immers dat 65% van alle Vlaamse kinderen tussen 2,5 en 12 jaar op woensdagnamiddag door opa en oma wordt opgevangen.[60] Voor naschoolse opvang wordt in 47% van de gevallen op hen een beroep gedaan, en ook voor schooltijd wordt 37% van de kinderen minstens één keer per week door de grootouders opgevangen. Enigszins anders ligt dat voor de opvang van baby's en peuters: 'slechts' in 16% van de gevallen kijken ouders daarvoor in de eerste plaats naar oma en opa. Maar voor occasionele opvang – 's avonds, in het weekend – is dat 45%. En is zo'n kleintje ziek, dan wordt het acht op de tien keer door oma en opa opgevangen.

Ook de resultaten van de 'Grote Grootouderbevraging'[61] en de 'Grootouder uit de duizend'-bevraging[62] illustreren het belang van grootouders en kleinkinderen voor elkaar: ze vinden het geweldig om samen dingen te doen en bij oma en opa is het altijd een beetje feest. Ook voor de ouders betekenen ze een grote steun: bijna 80% van de grootouders helpt met de combinatie werk en gezin en 91% vangt de kleinkinderen op als ze ziek zijn. De Gezinsbond wijst er evenwel op dat de steeds langer wordende loopbanen een stoorzender kunnen vormen: meer en meer grootouders zijn en blijven nog aan het werk en kunnen dus niet makkelijk inspringen. Voor gezinnen die het moeilijk hebben, is dit minder goed nieuws. Zij zullen allicht vaker beroep moeten doen op een betalende en minder flexibele opvang.

Journaliste Heleen Crul trekt ook hier ten strijde tegen de evidentie waarmee een vast opvangstramien door (sommige) kinderen aan hun ouders wordt opgedrongen: 'Ik ken geen grootouders die niet intens vertederd zijn over hun kleinkinderen' schreef ze in een opiniestuk voor NRC Handelsblad.[63] 'Maar ik ken wel een groeiend aantal grootouders die het als een probleem ervaren om twee of drie keer in de week het waarnemend ouderschap op zich te moeten nemen. De vanzelfsprekendheid waarmee hun kinderen dat hebben gevraagd, maakt weigering moeilijk.' Toch nuanceert ze ook door te zeggen dat er wel degelijk oma's en opa's zijn voor wie de vaste zorg voor kleinkinderen een nieuwe levensvervulling is. Volgens haar is de essentie van het grootouderschap echter wel nog altijd de vrijheid te hebben om je kleinkinderen te verwennen, een knusse, rustige omgeving aan te bieden, geduld te hebben, mooie verhalen te vertellen en speciale dingen met ze te doen, maar niet de opvoeding op zich nemen.

> "Het grootouderschap kan een ander mens van je maken, net zoals het ouderschap."

Het positieve van het verhaal is wel dat babysitten oma's 'scherp' houdt. Australische onderzoekers hebben 120 *grannies* in de leeftijd van 57 tot 68 jaar bevraagd. Tussen het op de kleinkinderen passen door moesten zij cognitieve tests afleggen om hun geheugencapaciteit en hun mentale snelheid in te schatten. Ter controle dienden zestig leeftijdsgenoten die geen oppasdiensten draaiden. Uit de resultaten die zijn gepubliceerd in het vakblad *Menopause* blijkt dat op de kleinkinderen passen de kans op dementie verkleint – vermoedelijk dankzij het sociale engagement en de mentale stimulatie die babysitten met zich meebrengt. Maar *trop* is te veel. Oma's op wie vijf of meer keer in de week een beroep werd gedaan, scoorden beduidend slechter op de tests.[64]

Nog een voordeel van op de kleinkinderen te passen is dat 'helpende grootouders' later beter af zijn: 'Grootouders die bijspringen in de zorg voor hun kleinkinderen hebben later meer kans om door hun eigen kinderen geholpen te worden.'[65] Dit blijkt uit Europees onderzoek. Via Share, de Survey of Health, Ageing and Retirement in Europe, werden meer dan 60 000 50-plussers uit zestien verschillende landen ondervraagd. Daarbij werd onder andere nagegaan of grootouders die helpen bij de zorg voor hun kleinkinderen, op hun beurt hulp krijgen van hun eigen kinderen wanneer zij moeilijkheden ondervinden in de uitvoering van hun dagelijkse taken. Uit de verzamelde data blijkt dat dat inderdaad zo is. Ongeveer een derde van de 65-plussers trekt daarvoor dagelijks gemiddeld 4,6 uur uit. Aangezien verschillende generaties van dezelfde familie vaak dicht bij elkaar wonen, is er nog steeds een groot potentieel aan dagelijkse steun. De onderzoekers benadrukken tevens dat actieve zorg door grootouders de opvoedingskosten van hun kinderen aanzienlijk kunnen verminderen. En onrechtstreeks zal die hulp ook een invloed hebben op de beslissing van jonge volwassenen om aan kinderen te beginnen en zal het hun deelname aan de arbeidsmarkt stimuleren.[66]

Het kan echter wel niet de bedoeling worden om een 'ploeteroma' te worden. Roos Maes (62 jaar) schreef er een artikel over met de titel 'Van ploetermoeder tot ploeteroma': 'deze groep van jonge, dynamische, verantwoordelijke en competente vrouwen wordt steeds meer ingeschakeld voor de opvang van de kinderen van de ploetermoeders'.[67]

3. Andere sociale relaties... vrijwilligersrelaties en zo

3.1. Keep on 'rolling'?

Mensen in de middenleeftijd en jonge senioren worden niet zozeer geplaagd door vereenzaming doch wel door sociale overbelasting. Het combineren van te veel rollen, zoals zorg voor ouders, kinderen, kleinkinderen en een baan wordt soms als onverenigbaar beschouwd. Er wordt daarom vaak gesproken over belasting, dubbele belasting en overbelasting als gevolg van 'conflicterende rollen'. Het denken in termen van rollen komt voort uit de roltheorie van de socioloog Talcott Parsons, die de maatschappelijke taken en verantwoordelijkheden van mensen vergeleek met een toneelstuk waarin rollen zijn verdeeld over de acteurs.[68] Net als in een toneelstuk kunnen de spelers in het maatschappelijke en sociale leven diverse rollen tegelijkertijd vervullen, die soms wel en soms niet conflicteren.
Binnen de roltheorie worden twee tegengestelde perspectieven aangetroffen. Volgens het ene perspectief, de **schaarste-hypothese**, wordt gedacht dat individuen de neiging hebben een zodanige hoeveelheid taken en rollen op zich te nemen dat zij op een gegeven moment stress ervaren omdat sommige rollen niet meer met elkaar te verenigen zijn, bijvoorbeeld een drukke baan en de zorg voor jonge kinderen. Volgens het andere perspectief, de **accumulatie- of opeenstapelingshypothese**, wordt gedacht dat het vervullen van meerdere rollen juist voldoening geeft omdat de stress uit de ene rol gecompenseerd kan worden met voldoening uit de andere rol.[69]

De roltheorie gaat ook op in het sociaal leven. Als de rol van werknemer en die van levenspartner, vriendin, vriend wegvalt, kan dit bij bepaalde individuen voor problemen zorgen. Nieuwe rollen, bijvoorbeeld actief worden als vrijwilliger of als bestuurslid in het verenigingsleven, kan opnieuw zin aan je leven geven. Of misschien duik je wel intensief in de rol van grootouder? Of die van verzorger van je zorgbehoevende ouder?

Probeer in eerste instantie voor jezelf uit te maken waar je je goed bij voelt: heb ik graag veel rollen te vervullen? Heb ik te veel rollen te vervullen? Heb ik te weinig rollen te vervullen? Welke rollen zijn weggevallen nu ik met pensioen ben? Welke nieuwe rollen wil ik in de plaats? Niet alleen de kwantiteit, maar ook de kwaliteit in deze speelt een heel belangrijke rol.

Het sociale netwerk kan je onderverdelen in wat men noemt het 'formeel sociaal netwerk' en het 'informeel sociaal netwerk'.

Je formeel sociaal netwerk

Een belangrijk voorbeeld van een formeel sociaal netwerk is het verenigingsleven. Je kan doelbewust kiezen om daar actief in te worden of je deelname te verhogen. Uit wetenschappelijk onderzoek is namelijk gebleken dat wanneer je participeert aan de maatschappij door middel van het verenigingsleven, je een democratisch waardepatroon opbouwt, je communicatieve en sociale vaardigheden ontwikkelt en je meer betrokken bent bij je buurt.

Je kan daartoe lid worden van verschillende verenigingen, zoals bijvoorbeeld: een milieu- of natuurvereniging (bv. Natuurpunt); een fanclub; verenigingen die gehandicapten, ouderen en armen helpen (bv. Poverello); een ziekenfonds; een vereniging die aan kunstbeoefening doet; een hobbyclub; een vrouwenbeweging (voor meer info, zie **www.amazone.be** of **www.vrouwenraad.be**); een socio-culturele vereniging; een sportvereniging/club (zie **www.bloso.be**); een politieke vereniging/partij; een wijk- of buurtcomité; een vereniging die zich inzet voor derdewereldlanden of internationale vrede (bv. Amnesty International, Unicef, Artsen zonder Grenzen,...); een vakbond; een beroepsvereniging; een gemeentelijke adviesraad (ouderenadviesraad, milieuraad, gezinsraad, cultuurraad, sportraad,...); een gezinsvereniging (bv. GOSA (Grootoudersactie van de

Gezinsbond)); het Rode Kruis; de brandweer; ouderenverenigingen: via koepelorganisatie www.vlaamse-ouderenraad.be; witte comités; zelfhulpgroepen, www.langlevekunst.nl.

Niet alleen actief zijn in het verenigingsleven heeft positieve effecten op je welzijn. Ook actief zijn in het vrijwilligerswerk heeft positieve gevolgen: het verhoogt je levenssatisfactie, je welbehagen, je geluk en het levert ook een betere gezondheid op. Je vermindert daarnaast aanzienlijk je kans op vereenzaming, op angsten en op depressies.

Er zijn verschillende vormen van vrijwilligerswerk: het bestuur in een of andere vereniging, ziekenbezoek, klusjes opknappen voor zieken, rusthuiswerking, medewerking aan socio-culturele verenigingen, uitstappen met andersvaliden, buurtwerking voor minder mobiele senioren, vertegenwoordiger van een lokale ouderenadviesraad, medewerker bij gemeentelijke acties, vertegenwoordiger andere raden, medewerker bij acties zoals Kom op tegen Kanker, voedselbanken, onthaal van migranten,...

Vrijwilligers worden als onmisbaar gezien voor de dagelijkse werking en het voortbestaan van veel organisaties. Meer en meer organisaties stellen zich soepel op naar vrijwilligers toe, waardoor je zelf de activiteiten mee kan bepalen en waar je zelf een en ander vorm kan geven.

Er is immers naar de vrijwilligerswerking een oproep om 60-plussers ook zelf de 'hoofdrol' te laten spelen, door rekening te houden met het individu. Wat kan dit allemaal inhouden? Ik som hier een aantal suggesties op:

- Kaders scheppen waarbinnen 60-plussers ruimte krijgen om eigen initiatieven op te nemen.
- Faciliteiten en goede randvoorwaarden scheppen.
- 60-plussers aanspreken op hun ambities en talenten.
- Toegang bieden tot scholing en zorgen voor maatwerk.
- Mensen au sérieux nemen.
- Mensen 'verleiden' om activiteiten als vrijwilliger op te zetten door hen aan te moedigen.
- Inspirerende voorbeelden laten zien.
- Het leuk en boeiend maken (en houden) met aantrekkelijke activiteiten.
- Een structuur ontwikkelen waardoor zelfwerkzaamheid kan

bevorderd worden.
- Het zilveren talent echt benutten.
- Factoren die groepsvernieuwing belemmeren, wegwerken.
- Een goede samenwerking ontwikkelen tussen en binnen de verschillende generaties.
- Nieuwe kanalen raadplegen (internet,...) door boeiende activiteiten te geven.

De belangrijkste sectoren waar vrijwilligerswerk wordt uitgevoerd zijn onderwijs en cultuur, gevolgd door sport. Vrijwilligerswerk via een organisatie (aangeduid als 'formeel vrijwilligerswerk') is de meest gebruikelijke vorm in België. 34,2% van de Belgische bevolking meldt dat zij gedurende de afgelopen twaalf maanden actief was als vrijwilliger. 41,1% van de Belgen die deelnemen aan formeel vrijwilligerswerk doet dit minder dan één keer per maand. Het aandeel van de formele vrijwilligers die elke dag vrijwilliger is, bedraagt 7,6%.[70]

Een nieuwe, fijne en interessante wereld kan hier dus voor je opengaan.

Interessante websites voor wie meer informatie wenst, zijn:
- **http://www.vlaanderenvrijwilligt.be/**
- **http://vrijwilligerswerk.be/**
- **http://www.neosvzw.be/**
- **http://www.integraalvzw.be/**
- **http://www.vayamundo.be/**

Maar ook:
- **www.giveaday.be**: de nieuwe communitywebsite voor vrijwilligersactiviteiten waar vrijwilligers en organisaties elkaar vinden volgens ieders wensen.

Je informeel sociaal netwerk

Bovenop of los van het vrijwilligerswerk en het verenigingsleven kan je ook heel wat informele contacten opbouwen en/of deze intensifiëren.

Je informeel netwerk kan opgedeeld worden in een primair en een secundair netwerk. Het primair netwerk wordt gevormd door je kinderen, je kleinkinderen, je schoonkinderen en je ouders. Het secundair netwerk wordt gevormd door je vrienden, je kennissen, je buren, je broers, je zussen en andere familieleden.

Contacten met je primaire netwerk zijn vaak opgebouwd omwille van verschillende redenen. Denk maar aan de actieve toewijding, de wederzijdse verantwoordelijkheden, de nauwe betrokkenheid, de morele wederzijdse verplichtingen. Bij het secundaire netwerk zijn de verplichtingen minder uitgebreid, maar is er wel een vorm van wederkerigheid.

Naast de verdere uitbouw van je primaire en je secundaire sociale netwerk, kan je nagaan hoe de kwantiteit en de kwaliteit van ieder sociaal netwerk is uitgebouwd. De **kwantiteit** kan je meten aan de hand van de frequentie van die contacten (telefonisch, per mail, skypen, per brief, aantal persoonlijke contacten, sociale netwerksites). Daarbij kan je je afvragen of je tevreden bent met de kwantiteit van diverse relaties. Waar voel je je goed bij? Wat wil je veranderen nu je met pensioen bent? Met wie wil je meer of minder contact? Ook hier kan het opmaken van een balans, zoals je deze in het eerste hoofdstuk hebt opgemaakt, nuttig zijn.

De **kwaliteit** van de contacten kan je eerder interpreteren als de sociale steun die je krijgt van je sociaal netwerk. Sociale steun bestaat uit emotionele steun zoals troost en affectie, en instrumentele steun zoals bijvoorbeeld de hulp bij het uitvoeren van taken. Sociale steun kan echter ook gezelschap inhouden. Samen gaan winkelen met een vriendin, samen een terrasje doen met een zus die je al lang niet meer hebt gezien, je hart luchten bij een teruggevonden vriend, het kan allemaal heel intensieve en boeiende momenten opleveren.

Om de kwaliteit van je sociale contacten te meten, kan je voor jezelf de verkorte Sociale Steun Lijst (SSL-12-I) van Van Eijk et al. eens invullen.[71] Deze lijst geeft een antwoord op het gegeven of je regelmatig op sociale steun kan rekenen.

Gebeurt het wel eens dat een of meer mensen waarmee je omgaat...

- je uitnodigt voor een feestje of een etentje?
- gezellig bij jou op bezoek komt?
- genegenheid voor je toont?
- je troost?
- je complimenten geeft?
- interesse voor je toont?
- je hulp biedt in bijzondere gevallen, bijvoorbeeld bij ziekte of verhuizing?
- je geruststelt?
- je goede raad geeft?
- je in vertrouwen neemt?
- je om hulp of advies vraagt?
- jouw sterke punten naar voren haalt?

Het kunnen beschikken over een sociaal netwerk bepaalt mee of je je als mens prettig en gelukkig in je vel voelt.

Ondanks het feit dat het 'druk, druk, druk'-regime is weggelegd voor dertigers en veertigers die werk, gezin en vrije tijd aan een hoog tempo ombineren, gaan ook individuen die met pensioen zijn veelal gebukt onder it helse tempo.

“*In de ene helft van ons leven offeren we ons leven op om geld te verdienen, in de andere offeren we geld om weer gezond te worden. En al die tijd gaan gezondheid en leven er zachtjesaan vandoor.*”

~ Voltaire

HOOFDSTUK 5
VERBONDENHEID MET HET MATERIËLE

1. Het slijk der aarde

1.1. Meer tijd maar minder geld?

Dat we langer leven en gezonder zijn dan ooit, is een historische prestatie van formaat, met grote gevolgen voor ons pensioenstelsel. De verhouding tussen het gemiddeld aantal jaren dat je hebt gewerkt en het aantal jaren dat je als persoon gemiddeld met pensioen kan zijn, is uit balans. Het aantal pensioenjaren is langzaam maar zeker gestegen. Dat is niet alleen het gevolg van de toegenomen levensverwachting, maar ook van het feit dat men door langere scholing later de arbeidsmarkt betreedt en men op jongere leeftijd pensioneert.

De pensioensituatie is daarenboven niet voor iedereen gelijk. Of je nu man bent of vrouw, je bouwt je pensioen op aan de hand van gepresteerde diensten.

We weten allemaal dat geld niet gelukkig maakt, maar het helpt wel om gelukkig te zijn. Wetenschappelijk onderzoek leert ons dat geld vooral belangrijk is om de basisbehoeften te kunnen invullen.
Tijdens je loopbaan ben je – als je het geluk hebt om tot de middenklasse te behoren – een zekere manier van leven gewoon geweest. Het zou jammer zijn, eens je met pensioen bent, om op die opgebouwde levensstandaard te moeten inboeten. Je wil immers maximaal van het leven genieten en later zeker niet financieel afhankelijk worden van derden.

Er zijn verschillende manieren om na de actieve loopbaan over voldoende inkomen te beschikken, maar ook hier geldt de uitspraak van de Koning Boudewijn Stichting: 'Denk vroeger na over later'.

“De huidige pensioenhervormingen schudden ons systeem vandaag de dag grondig door elkaar.”

Om al je wensen, noden en verlangens te verwezenlijken, is het wettelijk pensioen – de zogenaamde eerste pijler – een conditio sine qua non. Dat betekent in de eerste plaats dat we het vertrouwen in het pensioenstelsel moeten vergroten door het te actualiseren en het aan te passen aan de evoluties in de samenleving. Op de tweede plaats betekent het dat de toekomstige betaalbaarheid van het pensioen gegarandeerd wordt en dat het bedrag van het pensioen leefbaar moet zijn voor iedereen.[72]

Sommigen – maar zeker niet iedereen! – bouwen een extra pensioen op via de werkgever. Dit wordt de twee pijler genoemd. Je kan via pensioensparen ook zelf zorgen voor een extra appeltje voor de dorst. Dit is de derde pijler. Op de keper beschouwd, is er ook nog een vierde pijler, namelijk het eigen vermogen (eigen roerende, onroerende goederen, beleggingen,...).

De huidige pensioenhervormingen schudden ons systeem vandaag de dag grondig door elkaar. De wettelijke pensioenleeftijd vandaag is voor de meesten onder ons 65 jaar, maar wordt de komende jaren opgetrokken naar 67 jaar. De aanpassingen gebeuren in twee stappen: voor wie met pensioen gaat op 1 februari 2025 of later, stijgt de wettelijke pensioenleeftijd naar 66 jaar. Voor de pensioenen die ingaan vanaf 1 februari 2030 loopt de wettelijke pensioenleeftijd op tot 67 jaar. Dit geldt zowel voor ambtenaren als voor werknemers en zelfstandigen. Voor de berekening van je pensioen blijven de vereisten voor een volledige loopbaan (voor de meesten van ons is dit 45 jaar) dezelfde. Uiteraard zijn er uitzonderingen en zijn er overgangsmaatregelen. Er is ook een vangnet als je na je pensioen onvoldoende bestaansmiddelen hebt. Dan kan je in aanmerking komen voor de inkomensgarantie voor ouderen (IGO).[73]
Er is ook de toegelaten arbeid na pensioen. Sinds 1 januari 2015 mag je als gepensioneerde onbeperkt bijverdienen indien je 65 jaar of ouder bent, of

een loopbaan van 45 jaar achter de rug hebt. In de andere gevallen mag je als gepensioneerde ook bijverdienen, maar is het toegelaten bruto beroepsinkomen onderworpen aan een maximaal grensbedrag.

Welke richting zal het beleid uitgaan? Afkopen van studiejaren, kopen van aanvullend vrij pensioen, minder pensioen voor werkzoekenden, onbeperkt bijverdienen voor 65-plussers, ontwikkeling van flexi-jobs voor gepensioneerden,... De trend is gezet. Is het zo dat we straks onbeperkt en flexibel zullen moeten bijklussen om nog een aanvaardbaar inkomen te hebben na ons pensioen?

1.2. To work or not to work: that's the question!

› Silver talent at work?!

Ik hou al geruime tijd een pleidooi voor een leeftijdsbewust personeelsbeleid in organisaties, waarbij wordt gekeken naar competenties, kwaliteiten en talenten van oudere werknemers, eerder dan naar die elementen die achteruitgaan. Op 31 mei 2016 heb ik tijdens een studienamiddag rond 'Silver Talent at Work, 50-plussers maken gebruik van hun zilveren talenten op het werk' een uiteenzetting gegeven over welke wetenschappelijke instrumenten gebruikt kunnen worden om talenten van 50-plussers aan te boren. Het zijn er heel wat! De hamvraag blijft natuurlijk: is al dat zilveren talent nog gegeerd op de arbeidsmarkt?

Lange tijd bengelden we met ons land binnen Europa aan de staart voor wat de tewerkstelling van de 55- tot 64-jarigen betreft. Laat staan dat werken na 65 jaar al zou ingeburgerd zijn. Er is echter recent wel een mentaliteitswijziging merkbaar die langer werken promoot. We kunnen immers niet wegkijken van de maatschappelijke tendensen: de laatste vijftig jaar trad er niet alleen een daling op van het aantal oudere werknemers in de geïndustrialiseerde landen, er vond ook een kentering plaats waarbij de gemiddelde levensverwachting en de verwachting om gezond ouder worden is gestegen. Mede hierdoor ontstond de noodzaak om langer werken te promoten.

En er wordt inderdaad vooruitgang geboekt. De werkgelegenheidsgraad van 55-plussers, die al jaren in stijgende lijn gaat, nam ook in 2015 toe en dit vooral bij vrouwen. Momenteel is 44% van de 55-plussers aan het werk, waarvan 48,9% van de mannen tussen 55 en 64 jaar en 39,3% van de vrouwen.[74] Belgen die een volledige loopbaan van 45 jaar achter de rug hebben, blijven echter uitzonderingen. Cijfers van de Europese Commissie tonen zelfs aan dat Belgische mannen gemiddeld op 61,2 jaar en Belgische vrouwen gemiddeld op 61,9 jaar stoppen met werken.[75] En ze zijn met velen, diegenen die uitkijken naar dit pensioen!

› Silver Exit?! Op naar het zwitserlevengevoel...

De zilveren exit. Veel grijs talent – of laat me zeggen, zilveren talent – gaat massaal met pensioen. Voor velen breekt vanaf dat moment het 'Grote Genieten' aan. Dat is althans wat ik massaal uit de monden van heel wat cursisten VOP verneem. Dit tijdstip in het leven wordt soms ook – al dan niet smalend – het zogenaamde 'zwitserlevengevoel' genoemd.

In Van Dale wordt 'zwitserlevengevoel' omschreven als 'een onbekommerd gevoel, met name ten aanzien van de postactieve levensfase, gebaseerd op het vertrouwen dat men een in financieel opzicht onbezorgde oude dag tegemoetgaat'.

Volgens Frits De Lange is het zwitserlevengevoel het ideaal voor levenslustige *pensionado's* die na hun zestigste nog een leuke tijd willen hebben. Na een leven lang hard werken, zo stelt hij, komt het Grote, Grijze Genieten. Reizen, eten en drinken, uitgaan, jezelf verwennen – het pensioen voor de babyboomgeneratie lijkt een hedonistisch belevingsparadijs. In een tijd waarin steeds minder mensen in de hemel geloven, wensen zij zich de eeuwige gelukzaligheid nu. Maar De Lange vraagt zich ook af of we werkelijk gelukkig worden van dit zwitserlevengevoel. Hij bindt met andere woorden de strijd aan met dit Grijze Genieten. Hij stelt daarbij dat het niet deugt als ideaal. Hij vindt het daarenboven onbetaalbaar, ouderwets, onrealistisch, onrechtvaardig, kortzichtig en oervervelend.[76]

Nou...

De Lange hakt wel heel hard in op de babyboomers. Hij is daarbij van mening dat deze generatie een babyboomersideaal heeft waarbij ze in feite leven als hun ouders: eerst hard werken en daarna genieten, genieten en nog eens genieten van een 'verdiende rust'. Deze babyboomer heeft volgens hem niet in de gaten dat de nieuwe ouderdom wel eens heel lang kan duren en dat nietsdoen ongelofelijk kan gaan vervelen. 'Wie wil er nou dag in dag uit op een terrasje zitten of eeuwig relaxen in een all-inclusive resort? Je verdwijnt naar de marge van de samenleving,' zo stipuleert De Lange nog. Hij hoopt dan ook dat de volgende generaties een beter evenwicht zullen vinden tussen werk, scholing, zorg en vrije tijd, en flexibeler met pensionering omgaan. Langer deeltijds doorwerken, actiever blijven participeren aan de samenleving, dat wordt muziek voor de toekomst.
Nu zitten we als het ware in een transitiefase waarbij we nog vooral stilstaan bij de vraag of pensionering nu goed of slecht is voor de mens. Daarover zijn de meningen vandaag enorm verdeeld.

Volgens prof. dr. Ignace Glorieux stelt het wegvallen van betaalde arbeid van Vlaamse senioren in ieder geval niet meteen een groot probleem.[77] Ook zonder betaalde arbeid slagen senioren erin een gevarieerd, actief en sociaal tijdsbestedingspatroon te ontwikkelen. Het lijkt er bovendien zelfs op dat betaalde arbeid vaak een rem betekent op de vrijetijdsbesteding en sociale participatie. Pensionering lost deze problemen dus op!

De IEA (Institute of Economic Affairs) daarentegen beschreef pensionering niet als dermate positief. Zij onderzochten in 2013 negenduizend volwassenen tussen 50 en 70 jaar in elf Europese landen (er werd rekening gehouden met mensen die vervroegd op pensioen gingen door gezondheidsproblemen). Hun voornaamste conclusies zijn:

- Op pensioen gaan verandert je leven zo grondig dat het stressvoller is dan te blijven werken.
- Stoppen met werken houdt verlies in van vrienden en collega's. Zo raakt men sociaal geïsoleerd.
- Men sport minder omdat veel mensen te voet of per fiets naar het werk gingen of lichamelijk veeleisende jobs deden.
- Verlies van inkomen heeft een negatieve invloed op welzijn en gezondheid.

We mogen dus niet onderschatten wat betaalde arbeid voor mensen kan betekenen. Arbeid is veel meer dan een manier om geld te verdienen. Het is een morele aangelegenheid, een kwestie van plicht, een manier tot verbondenheid met anderen, een middel tot ontplooiing en ontwikkeling, een belangrijk bestanddeel van onze identiteit, zo stelt de gerenommeerde Vlaamse socioloog prof. Elchardus.[78]

Is doorstarten na het pensioen dan dé oplossing?

Laat ons wel wezen. Pensionering vormt voor de meeste mensen het definitieve einde van de arbeidsloopbaan, waarin men kan genieten van een leven zonder werk, van hobby's, van familieactiviteiten allerhande. Dit genieten gaat vooral op in het geval dat mensen geen gezondheidsproblemen hadden en/of hebben, en eveneens voor mensen die geen druk ervoeren van de werkgever om het werk te verlaten.

Daartegenover staat wel een steeds groter wordende groep senioren die na (vervroegde) uittreding besluit om een zogenaamde 'doorstart' te maken in hun arbeidscarrière. Deze doorstart kan zowel een vrijwillige als een onvrijwillige component bevatten. Senioren kunnen sterk intrinsiek gemotiveerd zijn om nog actief te blijven na hun pensioen, of ze kunnen zich door financiële omstandigheden genoodzaakt voelen langer te werken.

Uit het NIDI Werk en Pensioen Panel-onderzoek[79] is gebleken dat doorstarten momenteel voornamelijk een positief fenomeen is: het merendeel van de doorstarters is intrinsiek gemotiveerd en blijft op vrijwillige basis actief na het pensioen. Deze groep is daarmee in staat het welbevinden van voor het pensioen te behouden of zelfs te verhogen. Daartegenover staat een nu nog veel kleinere groep in een minder rooskleurige positie: sommigen worden gehinderd in de toegang tot betaald werk, terwijl anderen moeten werken om het hoofd boven water te houden.
Dingemans stelt verder nog dat in het licht van de versoberingen van het pensioenstelsel en de toegenomen onzekerheid over de hoogte van het pensioen, toekomstige generaties genoodzaakt zullen zijn om tot op latere leeftijd actief te blijven op de arbeidsmarkt.[80] Dit kan gebeuren door het verlengen van de loopbaan voor de pensionering of via doorstartbanen na uittreding. Het gevoel om daarbij in eigen tempo afscheid te kunnen nemen

van de arbeidscarrière lijkt cruciaal te zijn voor het welbevinden op latere leeftijd.

Het wordt dus dringend tijd om werk te maken van het zilveren talent op de werkvloer[81], waarbij competenties en talenten van oudere werknemers worden aangesproken!

1.3. Meer dan een dak boven je hoofd!

Pensionering en wonen: een heuse topic! Velen vragen zich af wat te doen met de vaak te grote woning. Of misschien ben je aan schilderwerken, opfrissingswerken of zelfs verbouwingen of renovatie toe? Of wil je van je woning een levenslange woning maken? Of kies je voor het zogenaamde meergeneratiewonen? Draai of keer het zoals je wil: het houdt je op de een of andere manier bezig.

De aandacht voor nieuwe woonvormen neemt in Vlaanderen zienderogen toe. Deze nieuwe woonvormen komen immers tegemoet aan de woonnoden van de hedendaagse gezinnen die meer divers, dynamisch en flexibel zijn.

> “Meergeneratie-wonen zit in de lift.”

Zo is er vaak sprake over het al dan niet wonen in een zogenaamde levensloopbestendige woning. Dit is een woning die gedurende alle levensfasen kan bewoond worden. In een dergelijke woning is idealiter alles volledig gelijkvloers. Daarnaast zijn de deuren vaak breder en de ruimtes groter, zodat de woning met een rollator en/of rolstoel toegankelijk is. Wanneer een dergelijke woning gelegen is in een appartement, dan is het wenselijk dat ook de lift en de andere deuren toegankelijk zijn. Ideaal is in dat geval een appartement op het gelijkvloers.

Naast levensloopbestendige woningen is er vandaag in de literatuur ook veel te doen over ‘samenhuizen met volwassen kinderen’. Voor veel gezinnen is dit – al dan niet tijdelijk – een gegeven, een dagdagelijkse realiteit. Sommige kinderen blijven wonen in Hotel Mama, anderen komen als boemerangkinderen tijdelijk inwonen na een scheiding. Mensen van middelbare leeftijd kiezen er soms voor om te gaan samenwonen met hun oudere ouders of hun volwassen kinderen die een beperking hebben, om voor hen te zorgen.[82]

Meergeneratiewonen zit dus in de lift. Er zijn echter verschillende vormen van meergeneratiewonen mogelijk. Zo spreekt Miet Timmers in haar boek 'Generaties onder één dak' over[83]:

- **Inwonende ouder(s)**: duurzaam samenwonen van ouders met hun volwassen kinderen en eventueel kleinkinderen, waarbij het samenleven centraal staat.
- **Kangoeroewonen**: een kangoeroewoning is een meergeneratiewoning waarbij minstens twee volwassen generaties binnen of buiten familieverband onder één dak wonen. De woning bestaat uit minstens twee woongelegenheden die van binnenuit toegang geven tot elkaar.
- **Zorgwonen**: een zorgwoning is een heel specifieke vorm van kangoeroewonen die aan specifieke en wettelijke criteria voldoet, ze kan namelijk enkel tot stand komen via de omvorming van een bestaande eengezinswoning. Ze bestaat uit een hoofdwoning en een ondergeschikte wooneenheid. Een specifieke vorm van een zorgwoning is de mobiele mantelzorgwoning (een modern ingerichte, verplaatsbare en flexibele wooneenheid).
- **Boemerangwonen**: kinderen die terug intrekken bij hun ouders(s) in de eensgezinswoning, eventueel met de kleinkinderen.
- **Nestklevers**: kinderen die voor onbepaalde tijd blijven inwonen bij hun ouder(s).
- **Flexiwonen**: families, maar ook mensen die geen familie zijn van elkaar, die voor korte of lange tijd in een eengezinswoning samenwonen; de samenstellingen zijn wisselend en veel ruimtes worden gedeeld.
- **Proxywonen**: het heel nabij wonen. Er worden geen ruimtes gedeeld, tenzij een buitenruimte of een collectieve ruimte die voor meer mensen is bedoeld, zoals een inkomhal.
- **Intergenerationele cohousingsprojecten**: hier worden verschillende private woningen én faciliteiten gebouwd of verbouwd voor gemeenschappelijk gebruik. Meestal is de eigen wooneenheid apart en is er minstens een ontmoetingsruimte gezamenlijk, met keuken, wasruimte en één andere ruimte.

Heb je ook interesse om te participeren op de toekomst? Dan wil je misschien ook relatief vroeg na je pensionering verhuizen naar een geschikte woning, tegen het moment dat je niet meer zo 'piep' bent. Als jonge senior kun je immers gemakkelijker een nieuw netwerk opbouwen dan wanneer je 85 bent. Je kan je vitaliteit aanwenden om een nieuwe start te nemen richting een fantastische toekomst. Even over nadenken?

2. Huwen, samenwonen, schenken en erven

> *Wat volgt, is een bijdrage door Paul Nijs*
> *juridisch adviseur en vermogensplanner*[84]

Je komt stilaan op een leeftijd waarop het nuttig is om je eigen situatie vanuit juridisch oogpunt eens te bekijken en te evalueren. Hierbij heeft het geen zin om je te spiegelen aan anderen of anderen eventueel na te doen, nee, jijzelf bent de persoon die hierin een belangrijke rol speelt. Ofwel ben je gehuwd, ofwel ben je samenwonend, ofwel ben je alleenstaand. Andere mogelijkheden zijn er niet. Deze drie vormen hebben elk hun eigen belang, en voor elk van deze mogelijkheden moet je nagaan of de juridische gevolgen die hieraan verbonden zijn, de gevolgen zijn die je wenst. Is dat niet het geval dan moet je, nu je dit nog kunt, maatregelen nemen.

Hoe ziet je situatie er op dit ogenblik uit?

2.1. Je bent gehuwd

Door het enkele feit van het huwelijk zijn je partner en jij gebonden door het huwelijksvermogensrecht. Dat betekent dat vanaf je huwelijksdag andere regels dan voorheen van toepassing zijn op je bezittingen, je vermogen, je vrijheid van handelen.
Indien je een huwelijkscontract gemaakt hebt, heb je die regels voor een groot stuk zelf bepaald (meestal deed de notaris dat voor jou). Indien je geen contract gemaakt hebt, dan heeft de wetgever dat voor jou gedaan.

› Je hebt geen huwelijkscontract

Indien je geen huwelijkscontract gemaakt hebt, val je automatisch onder het wettelijk stelsel, namelijk het stelsel van scheiding van goederen met gemeenschap van aanwinsten. Dat betekent dat beide echtgenoten elk een eigen vermogen hebben (of kunnen hebben), en dat naast deze eigen vermogens eveneens een gemeenschappelijk vermogen bestaat.

Tot de eigen vermogens horen de bezittingen en de schulden die elk van beiden had voor het huwelijk, evenals de goederen die zij erven of krijgen tijdens het huwelijk. Ook de goederen die nodig zijn om een beroep uit te oefenen, blijven eigen, net als de persoonlijke voorwerpen (kleding, linnengoed, juwelen, enz.).
Aangezien dit eigen goederen zijn, zal het beheer ervan toekomen aan de echtgenoot die kan aantonen dat hij (of zij) er eigenaar van is. De man blijft dus baas over zijn eigen vermogen, de vrouw over haar eigen vermogen.
Het gemeenschappelijk vermogen, waarin al het overige zit (inkomsten, aankopen, bankrekeningen tijdens het huwelijk geopend,...) is van beide echtgenoten samen en wordt dan ook door beiden beheerd.
Dat wil uiteraard niet zeggen dat beiden telkens gezamenlijk de beslissingen moeten nemen over het beheer, maar ze moeten het wel steeds doen in het belang van de gemeenschap.

Wanneer er nu een einde komt aan het huwelijk door een echtscheiding, dan behoudt elke echtgenoot zijn eigen vermogen en krijgt hij in principe ook de helft van het gemeenschappelijk vermogen (zowel het actief als het passief). Wanneer er een einde komt aan het huwelijk door overlijden van een van beide echtgenoten, dan gaat het eigen vermogen van de overledene, evenals de helft van het gemeenschappelijk vermogen, naar de nalatenschap. Die nalatenschap wordt dan verdeeld onder de erfgenamen, hetzij op basis van het wettelijk erfrecht, hetzij op basis van het gekozen huwelijksstelsel, hetzij op basis van eventuele testamenten. Daarop wordt, zoals je verder zult lezen, erfbelasting geheven.

Je hebt wel een huwelijkscontract

Het staat de echtgenoten vrij een huwelijkscontract op te stellen. De wet helpt hen hierbij een handje en stelt verschillende mogelijkheden voor:

- volledige scheiding van goederen;
- vlgehele gemeenschap van goederen;
- het wettelijk stelsel, aangevuld met bepaalde clausules;
- een stelsel waarin de huwelijksgemeenschap hetzij uitgebreid, hetzij beperkt wordt.

Ook buitenlandse stelsels kunnen aanvaard worden, maar dan moet wel de volledige buitenlandse wettekst vermeld worden en uiteraard mag het gekozen stelsel niet indruisen tegen de Belgische wetgeving.

Volledige scheiding van goederen

Wanneer beide echtgenoten kiezen voor een stelsel van volledige scheiding van goederen, dan opteren zij voor het bestaan van slechts twee vermogens, namelijk het vermogen van de man en het vermogen van de vrouw, of beter gezegd het vermogen van de ene echtgenoot en dat van de andere echtgenoot (want sinds enkele jaren mogen ook personen van hetzelfde geslacht met elkaar huwen). Er is geen gemeenschappelijk vermogen, maar dat neemt niet weg dat er eventueel toch een onverdeeld vermogen ontstaat, waarvan beide echtgenoten, elk voor de helft (of eventueel in een andere verhouding) eigenaar zijn. Dergelijk onverdeeld vermogen kan spontaan ontstaan of kan echt gewild zijn, bijvoorbeeld wanneer je samen, in onverdeeldheid, een woning aankoopt. Strikt juridisch heeft dan elk van de echtgenoten een halve woning in zijn eigen vermogen (bijvoorbeeld elk 50%, of de ene 70% en de andere 30%).

Een stelsel van scheiding van goederen komt regelmatig voor bij echtgenoten van wie een van beiden een zelfstandige activiteit uitoefent.

Algehele gemeenschap van goederen

Wanneer beide echtgenoten kiezen voor een stelsel van algehele gemeenschap van goederen, dan opteren zij voor het bestaan van slechts één groot vermogen, namelijk het gemeenschappelijk vermogen. Hierin zit dan alles vervat, zowel de goederen die men heeft van voor het huwelijk, als de goederen die men verkrijgt door erfenis of schenking. Enkel de strikt persoonlijke goederen (kleding, linnengoed, juwelen,...) blijven eigen. Een stelsel van algehele gemeenschap van goederen komt vandaag nog weinig voor.

Het wettelijk stelsel aangevuld met bepaalde clausules

Deze situatie komt het meest voor. In principe zijn de echtgenoten akkoord met de regels van het wettelijk stelsel, maar zij willen dat aanvullen met bepaalde clausules, om elkaar meer en beter te beschermen.

Een van de klassieke aanvullende clausules is het verblijvingsbeding of, zoals men het ook in de volksmond noemt de 'langst leeft, al heeft'-clausule. Ze houdt in dat bij overlijden van een van beide echtgenoten, de overblijvende echtgenoot de gehele gemeenschap in volle eigendom erft. Hij of zij moet dus geen rekening houden met de andere, eventueel bevoorrechte, erfgenamen.

Op zich is dit een zeer goede regeling, waarbij de langstlevende partner maximaal beschermd wordt. Fiscaal is het echter een dure oplossing omdat er uiteindelijk dikwijls tweemaal erfbelasting moet betaald worden op dezelfde goederen (eerst bij het overlijden van de ene echtgenoot, nadien nogmaals bij het overlijden van de andere).

Vandaar ook dat men tegenwoordig in het huwelijkscontract dikwijls de 'langst leeft, al heeft'-clausule laat schrappen, en laat vervangen door een zogenaamd keuzebeding. Hierdoor krijgt de langstlevende echtgenoot de mogelijkheid om, bij overlijden van de partner, een bewustere keuze te maken van de goederen die hij of zij in volle eigendom wil erven. Zo bepaalt hij of zij zelf de grootte van de nalatenschap, wat uiteraard een invloed heeft op de verschuldigde erfbelasting.

Dikwijls wordt in een contract ook bepaald dat de echtgenoten aan elkaar wederzijds het grootst mogelijke deel wegschenken wanneer

een van beiden overlijdt. Dat noemt men een contractuele erfstelling. De oorspronkelijke bedoeling hiervan was om elkaar ook weer zo goed mogelijk te beschermen.
Aangezien er vandaag betere manieren zijn om elkaar te beschermen, kan ook weer overwogen worden om het huwelijksstelsel (notarieel) te wijzigen en deze clausule te laten schrappen.

De grotere of kleinere gemeenschap van goederen
Je kunt bewust opteren om de huwelijksgemeenschap uit te breiden door eigen goederen in het gemeenschappelijk vermogen in te brengen (bijvoorbeeld een eigen huis, een bouwgrond,...) of te beperken door goederen, die normaliter gemeenschappelijk zouden zijn, uit de gemeenschap te houden (zo kan je bepalen dat de goederen die aangekocht werden op naam van één echtgenoot, de uitsluitende eigendom van deze echtgenoot blijven). Dergelijke afwijkingen moeten dan uiteraard duidelijk omschreven worden in het huwelijkscontract.

› De veranderlijkheid van het huwelijksstelsel

Tot 14 juli 1976 was het huwelijksstelsel waaronder beide echtgenoten gehuwd waren, gedurende het hele huwelijk onwijzigbaar. Maar tijdens het huwelijk veranderen bepaalde omstandigheden echter drastisch: er komen kinderen, het vermogen groeit, je erft bepaalde zaken, enzovoort. Vandaar dat de wetgever het op zeker ogenblik nuttig achtte om de echtgenoten de mogelijkheid te geven hun oorspronkelijk huwelijksstelsel ook tijdens het huwelijk aan te passen aan hun noden en wensen in het licht van de gewijzigde omstandigheden. Aangezien een huwelijkscontract een authentieke akte is (het moet verplicht opgesteld worden door een notaris), moet een wijzigingsakte ook steeds via de notaris opgemaakt worden.
De mogelijkheid om het huwelijksstelsel te wijzigen is niet alleen weggelegd voor diegenen die reeds een huwelijkscontract hebben; ook

> *“De mogelijkheid om het huwelijksstelsel te wijzigen is niet alleen weggelegd voor diegenen die reeds een huwelijkscontract hebben.”*

zij die gehuwd zijn zonder huwelijkscontract, dus onder het wettelijk stelsel, kunnen dit stelsel wijzigen. Het komt er dan ook op aan om na te gaan onder welk stelsel men getrouwd is, of er een contract is of niet, en te (laten) onderzoeken of de gevolgen die hieruit voortvloeien bij overlijden van een van beide echtgenoten nog wel de gevolgen zijn die men wenst. Hierin speelt vooral de gezins- en/of persoonlijke situatie een grote rol (is de langstlevende partner wel voldoende beschermd? zijn er kinderen? hoe is de relatie met de kinderen?), maar ook het fiscale luik (latere erfbelasting) mag hierbij niet uit het oog verloren worden. Aan de hand van de antwoorden op deze vragen moet dan overwogen worden of het nuttig kan zijn een wijziging aan te brengen aan het bestaande huwelijksstelsel.
Een wijziging op zich is niet goedkoop (het inlassen van een keuzebeding kost bijvoorbeeld op dit ogenblik +/- € 385), maar de positieve gevolgen later hebben een veel hogere waarde.
Zoals hoger reeds aangehaald, proberen de echtgenoten via een huwelijkscontract of via een schenking tussen echtgenoten (een zogenaamde contractuele erfstelling) elkaar zo goed mogelijk te beschermen. Vóór 1981 was dit absoluut noodzakelijk omdat het erfrecht van de langstlevende echtgenoot tot dan slechts minimaal was. Zo kon de langstlevende echtgenoot nooit meer krijgen dan het kind dat het minste erfde.
Als dus een kind voor een stuk onterfd werd, dan had dit ook nare gevolgen voor de langstlevende echtgenoot. Vandaar dat men dikwijls via bepaalde clausules in het huwelijkscontract alles uit de kast haalde om hieraan te ontsnappen. De meest gebruikte clausules waren dan ook de 'langst leeft, al heeft'-clausule en de 'contractuele erfstelling'.

Toen in 1981 het erfrecht van de langstlevende echtgenoot gevoelig wijzigde en van deze een bevoorrechte en goed beschermde erfgenaam maakte, waren bovenvermelde beschermingsclausules niet echt meer nodig. Wanneer die immers in het huwelijkscontract staan, moet de fiscus ze ook toepassen en de erfbelasting berekenen op basis van deze clausules. Gevolg hiervan is dat er dikwijls hogere erfbelasting moet betaald worden. Denk maar eens aan de situatie waarbij een hoogbejaarde langstlevende echtgenoot nog verplicht wordt de hele gemeenschap in volle eigendom op te nemen en hierop dan ook als enige erfbelasting moet betalen. Als deze een paar jaar later op zijn beurt sterft, zitten de voorheen geërfde goederen nogmaals in zijn nalatenschap en moeten de kinderen hier opnieuw erfbelasting op betalen. Ware het dan niet beter geweest dat de hoogbejaarde langstlevende echtgenoot enkel maar het vruchtgebruik zou geërfd hebben en de kinderen reeds de naakte eigendom?

Om hier meer vrijheid in te hebben, wordt sedert enkele jaren gebruikgemaakt van de mogelijkheid die de wetgever bedacht heeft om de oudere huwelijkscontracten te wijzigen. Dikwijls wordt dan de langst leeft, al heeft-clausule en ook de contractuele erfstelling geschrapt en vervangen door een keuzebeding. In dit beding stellen beide echtgenoten diverse keuzemogelijkheden voor, waartussen zij kunnen kiezen als een van beiden overlijdt. Zo kunnen zij de hele gemeenschap hetzij in volle eigendom of slechts in vruchtgebruik laten toekomen aan de langstlevende, of de mogelijkheid laten om te kiezen tussen bepaalde goederen in volle eigendom en andere in vruchtgebruik, zodat men een erfenis op maat kan maken. Deze keuze moet gemaakt worden binnen de vier maanden na het overlijden van de eerststervende echtgenoot, en zal uiteraard in eerste instantie afhangen van de leeftijd van de langstlevende echtgenoot maar ook van de al dan niet goede verstandhouding met de kinderen.

2.2. Je bent niet gehuwd maar woont samen

In Vlaanderen kent men (anders dan in Brussel of Wallonië) twee vormen van samenwonen, met name de feitelijke samenwoning (enkel in het Vlaamse Gewest) en de wettelijke samenwoning (ook in het Brussels Hoofdstedelijk en het Waalse Gewest). Beide vormen verschillen grondig van elkaar en hebben juridisch ook andere gevolgen.

› De feitelijke samenwoning

Wanneer twee of meer personen gedurende minstens één jaar onafgebroken samenwonen en de kosten van de huishouding delen, worden zij, fiscaal gezien, beschouwd als feitelijk samenwonenden.

Dergelijk statuut schept echter weinig of geen rechten. Het grootste voordeel is dat zij kunnen genieten van de laagste erfbelasting, als ze tenminste van mekaar erven, want op basis van de feitelijke samenwoning worden geen erfrechten gecreëerd. Om dus van elkaar te kunnen erven moet men ofwel naaste familie zijn, of via een testament aangeduid zijn als erfgenaam.
Feitelijke samenwoning is niet beperkt tot twee individuen; men kan ook met meerdere personen samenwonen. Het klassieke voorbeeld is het West-Vlaamse familiebedrijf, dat vader en moeder destijds gestart zijn als een groot landbouwbedrijf, waar later de kinderen, al dan niet getrouwd, ook hun brood verdienen en blijven inwonen. Maar ook broers en zussen kunnen perfect in de ouderlijke woning blijven wonen en worden dan ook beschouwd als feitelijk samenwonenden zodra zij aan de twee bovenvermelde voorwaarden voldoen.

De wettelijke samenwoning

Wanneer twee ongehuwde personen bij de ambtenaar van de burgerlijke stand een verklaring afleggen van wettelijke samenwoning, dan worden zij beschouwd als wettelijk samenwonenden. Dit moet, in tegenstelling tot de feitelijke samenwoning, steeds een tweepersoonsrelatie zijn, en geen van beiden mag (nog) door een huwelijk gebonden zijn. Personen die in een echtscheidingsprocedure verwikkeld zijn, kunnen dus niet wettelijk gaan samenwonen alvorens de echtscheiding achter de rug is.

In tegenstelling tot de feitelijk samenwonenden zijn de wettelijk samenwonenden juridisch wel iets beter beschermd. Zo zal de langstlevende partner het vruchtgebruik van de gezinswoning en het daar aanwezige huisraad kunnen erven, voor zover de eerstgestorvene dat niet heeft beperkt, en kan de rechter dringende en voorlopige maatregelen uitvaardigen en een onderhoudsgeld toekennen bij samenwoningproblemen.
Alhoewel de wettelijke samenwoning qua gezinssituatie het huwelijk sterk benadert, kan dit ook in andere gevallen toegepast worden. Zo kan een oom perfect wettelijk samenwonen met zijn neef of nicht, kunnen twee broers of zussen wettelijk samenwonen...
Aangezien zowel de feitelijk als de wettelijk samenwonenden juridisch

niet of slechts minimaal beschermd worden, is het dikwijls van het grootste belang om de persoonlijke situatie onder ogen te durven zien en ervoor te zorgen dat er voldoende maatregelen genomen worden om de overblijvende partner(s) datgene na te laten, waarop zij volgens jou recht hebben. Een testament maken is hierbij geen overbodige luxe.
Blijft echter het probleem dat met een testament de bevoorrechte erfgenamen niet buitenspel kunnen gezet worden, zodat zij steeds hun erfrechtelijk deel kunnen opeisen. Om daaraan te ontsnappen kan men bij de aankoop van onroerend goed gebruikmaken van een tontinebeding of een beding van aanwas (meer uitleg hierover vind je uiteraard bij de notaris of in gespecialiseerde kantoren). Door dergelijk beding in de koopakte te laten zetten kan men ervoor zorgen dat de wettelijke erfgenamen geen aanspraak kunnen maken op het aangekochte goed, dat dan integraal overgaat naar de langstlevende samenwonende partner(s).

Het samenwoningcontract
Zoals gehuwden een huwelijkscontract kunnen opmaken, kunnen samenwonenden een samenwoningcontract afsluiten. Voor feitelijk samenwonenden kan dit onderhands (dus tussen de partners, zonder tussenkomst van een notaris) of notarieel. Wettelijk samenwonenden kunnen dit enkel doen via een notariële akte.
In zo'n samenwoningcontract kunnen de samenwonenden regelingen treffen voor het geval de samenwoning eindigt. Voor wettelijk samenwonenden zal dit doorgaans verder gaan dan voor feitelijk samenwonenden, maar men kan er nooit hetzelfde resultaat mee bereiken als met een huwelijkscontract. Een huwelijkscontract biedt immers de mogelijkheid om de langstlevende partner meer te geven dan het wettelijk erfrecht vastlegt, een samenwoningcontract kan dit niet.

2.3. Je bent alleenstaand

› Je bent alleenstaand zonder afstammelingen

Wanneer je alleenstaand bent (gescheiden, weduwnaar of nooit gehuwd geweest) zonder afstammelingen (kinderen, kleinkinderen)

na te laten, zullen je goederen bij je overlijden in principe overgaan naar verdere verwanten (ouders, broers en zussen, ooms en tantes, neven en nichten) waardoor er dikwijls een veel hogere erfbelasting moet betaald worden.
In dergelijke situatie moet er grondig nagegaan worden of de erfgenamen die de wet voorstelt wel de erfgenamen zijn die je wenst. Is dat niet het geval dan moeten er op voorhand maatregelen genomen worden, bijvoorbeeld door het maken van een testament. De erfgenamen die de wet voorstelt kunnen immers, met uitzondering van de ouders, volledig onterfd worden, zodat je als alleenstaande je erfgenaam of erfgenamen
zelf kunt kiezen.
Rekening houdend met de hoge erfbelasting, zeker wanneer vreemden via testament aangesteld worden als erfgenaam, kan misschien overwogen worden om hetzij feitelijk, hetzij wettelijk te gaan samenwonen (dergelijk samenwonen betekent niet automatisch een relatie hebben!) of om voorafgaandelijk schenkingen te doen.

› Je bent alleenstaand en hebt afstammelingen

Als je alleenstaand bent en kinderen of kleinkinderen hebt, dan zullen je bezittingen later automatisch en vrij goedkoop overgaan naar de volgende generatie.

Indien je akkoord bent met de wettelijke erfopvolging, moet je verder geen stappen ondernemen. Indien je echter bepaalde erfgenamen minder of meer wil geven dan de wet vastlegt, dan moet je ervoor zorgen dat je wens, in de mate van het wettelijk toegestane, uitkomt. Dat kun je doen door bij leven iets weg te schenken of door een testament te maken. In dat geval moet je je wel houden aan de wettelijke beperkingen, aangezien je kinderen steeds een bepaald erfdeel moeten krijgen. Het zijn immers bevoorrechte en voorbehouden erfgenamen.

Hoe ziet ons Belgisch erfrecht eruit?
Wanneer we over erfrecht spreken moeten we een onderscheid maken tussen de wettelijke erfopvolging en de testamentaire erfopvolging. De wettelijke erfopvolging is de erfopvolging die de wetgever heeft

uitgewerkt op basis van een veronderstelde band van genegenheid (affectie) die er bestaat tussen de persoon die overlijdt en de personen die erven; de testamentaire erfopvolging is de erfopvolging zoals de persoon die overlijdt die zelf heeft bepaald.
De wettelijke erfopvolging bevat, naast regels waarvan niet kan afgeweken worden (kinderen kan men bijvoorbeeld niet onterven, de langstlevende echtgenoot moet steeds minstens het vruchtgebruik van de gezinswoning erven,...), ook heel wat bepalingen die vrij kunnen geregeld worden (broers en zussen, ooms en tantes, neven en nichten... kunnen perfect onterfd worden).

Wat legt het Belgisch erfrecht vast?

› Vier orden van erfgenamen

De wetgever heeft de erfgenamen ingedeeld in vier categorieën, orden genoemd, en hij heeft zich hiervoor gebaseerd op een soort band van affectie met degene die gestorven is. Tot de eerste orde behoren de afstammelingen, met andere woorden de kinderen, de kleinkinderen,... De tweede orde omvat de ouders en de broers en zussen en hun afstammelingen. Deze noemt men de bevoorrechte zijverwanten. Tot de derde orde horen de grootouders (en ook de ouders als er geen broers en zussen zijn). De vierde orde tot slot omhelst de ooms en tantes, en hun afstammelingen.
Het belang van deze indeling is dat een hogere orde een lagere orde uitsluit. Als er dus erfgenamen van de eerste orde zijn, worden de erfgenamen van de tweede, derde en vierde orde automatisch uitgesloten. Als er geen erfgenamen zijn van de eerste orde komen de erfgenamen van de tweede orde aan de beurt, met uitsluiting van de derde en de vierde orde, enzovoort.
Een aandachtige lezer zal opmerken dat de langstlevende echtgenoot niet vermeld wordt en dat er ook geen sprake is van het erfrecht van de langstlevende wettelijk samenwonende partner. Dat klopt, maar dat komt omdat het erfrecht van de langstlevende echtgenoot en de wettelijk samenwonende partner een totaal ander soort erfrecht is dan dat van de gewone erfgenamen. Terwijl de gewone erfgenamen 'eigendom' erven, erven de langstlevende echtgenoot

en de wettelijk samenwonende partner *slechts* 'vruchtgebruik', en de waarde van dit vruchtgebruik is dan ook nog gekoppeld aan de leeftijd van de langstlevende: hoe jonger de vruchtgebruiker is, hoe hoger de waarde van het vruchtgebruik – logisch trouwens, omdat een jonge vruchtgebruiker ook theoretisch langer vruchtgebruiker zal kunnen zijn.

› Het erfrecht van de langstlevende echtgenoot

Er zijn kinderen

Indien de overleden echtgenoot kinderen (of kleinkinderen) had (gezamenlijke kinderen, kinderen uit een vorige relatie, geadopteerde kinderen...) dan erft de langstlevende echtgenoot in principe het vruchtgebruik van heel de nalatenschap (eigen goederen aangevuld met de helft van de gemeenschappelijke goederen). Dat vruchtgebruik kan wel beperkt worden tot de helft, maar het vruchtgebruik van de gezinswoning kan niet ontnomen worden.

De langstlevende echtgenoot kan dus zijn of haar leven lang in de gezinswoning blijven wonen of eventueel de huurgelden opstrijken, als deze woning later verhuurd zou worden (bijvoorbeeld bij een verblijf in een rusthuis of verzorgingsinstelling). Dit recht van vruchtgebruik kan trouwens nooit omgezet worden in bijvoorbeeld een vervangende geldsom, tenzij mits akkoord van de langstlevende echtgenoot zelf.

Er zijn geen kinderen maar wel andere erfgenamen

Wanneer er geen kinderen (of kleinkinderen) zijn, zal de langstlevende echtgenoot de volle eigendom erven van de goederen die van het gemeenschappelijk vermogen afhangen en het vruchtgebruik van de eigen goederen van de overledene.

De andere erfgenamen (bijvoorbeeld de broers en zussen, ooms en tantes, neven en nichten... van de overledene) erven dan de naakte eigendom van de eigen goederen. Let wel op: deze broers en zussen, ooms en tantes... zijn aangetrouwden van de langstlevende echtgenoot (dus schoonbroers en schoonzussen, aangetrouwde ooms en tantes... van de langstlevende echtgenoot) en dit kan soms wel tot problemen leiden.

Er zijn geen andere erfgenamen
In dat geval erft de langstlevende echtgenoot de hele nalatenschap in volle eigendom.

› Het erfrecht van de langstlevende wettelijk samenwonende partner

De langstlevende wettelijk samenwonende partner erft in principe enkel het vruchtgebruik van de gezinswoning, maar hij/zij is geen wettelijke erfgenaam. Dit betekent dat het erfrecht van de wettelijk samenwonende partner beperkt of zelfs helemaal ontnomen kan worden door de partner die eerst overlijdt. Dat kan bijvoorbeeld via testament, en zelfs zonder medeweten van de langstlevende partner.
De spreekwoordelijke oude bok die op latere leeftijd wettelijk gaat samenwonen met een groen blaadje kan bijgevolg zijn kinderen toch nog beschermen door het vruchtgebruik van de gezinswoning te beperken tot bijvoorbeeld het aantal jaren dat hij samengewoond heeft met zijn nieuwe partner. Dat zou niet mogelijk geweest zijn indien hij met haar gehuwd was.

› Hoe kun je afwijken van het Belgisch erfrecht?

Via een schenking of een testament kan afgeweken worden van het wettelijk erfrecht. Hierbij mag men echter niet uit het oog verliezen dat bepaalde erfgenamen steeds een bepaald deel moeten krijgen. Deze erfgenamen noemt men de bevoorrechte erfgenamen, met name onze afstammelingen, onze ouders, evenals de langstlevende echtgenoot.
Deze bevoorrechte erfgenamen kunnen uiteraard slechts aanspraak maken op hun wettelijke aandeel voor zover zij erfgenaam zijn, met andere woorden: indien er kinderen zijn, verliezen de ouders hun wettelijk aandeel. De kinderen behoren immers tot de eerste orde van erfgenamen, de ouders slechts tot de tweede (of derde indien er geen broers en/of zussen zijn), zodat zij door de kinderen uitgesloten worden.

> “Wat mag weggeschonken worden of wat via testament mag vermaakt worden, hangt af van wie de bevoorrechte erfgenamen zijn.”

De bevoorrechte erfgenamen zijn de kinderen
Wanneer er kinderen zijn, hangt het deel waarover men vrij kan beschikken af van het aantal kinderen dat men heeft. Hierbij komen alle kinderen in aanmerking, zowel deze uit een vorige relatie, als kinderen die men heeft met de huidige partner, maar ook de gewone en de ten volle geadopteerde kinderen.
Wanneer er één kind is, is het beschikbare deel gelijk aan de helft van de goederen die je bezit. Je enig kind moet dus minstens de helft erven van hetgeen je nalaat. Wanneer er twee kinderen zijn, is je beschikbare deel één derde. Beide kinderen moeten bijgevolg elk één derde erven. Wanneer je drie of meer kinderen hebt, kun je slechts vrij beschikken over één vierde van je bezittingen. De kinderen zullen dus samen drie vierden moeten erven.

Belangrijk om weten is dat deze breuken niet toegepast worden op hetgeen er uiteindelijk nog is wanneer iemand sterft, maar dat hiervoor een fictieve massa wordt samengesteld. Deze fictieve massa bestaat uit hetgeen er nog is bij het overlijden van een bepaald persoon, aangevuld met de gekende schenkingen die deze persoon tijdens zijn leven heeft gedaan. Indien blijkt dat het totaal aan schenkingen het beschikbare deel overtroffen heeft, dan moet de laatste schenking verminderd worden. Volstaat dit nog niet om de toestand te regulariseren, dan zal de voorlaatste schenking moeten verminderd worden enzovoort.
De schenkingen worden dus aangerekend op het beschikbare deel en zullen uiteindelijk deel uitmaken van de fictieve massa. Hierop bestaat één uitzondering: de schenkingen die aan kinderen gedaan werden, worden in principe beschouwd als voorschotten op hun erfenis, en zullen later verrekend worden bij de verdeling van de nalatenschap. Het is inderdaad de bedoeling van de wetgever om de kinderen steeds gelijk te behandelen, dus evenveel na te laten. Willen de ouders één kind meer bevoordelen dan de andere kinderen, dan kan dit via een schenking buiten erfdeel, maar dan moet het uitdrukkelijk vermeld worden. Dergelijke schenking moet dan wel weer aangerekend worden op het beschikbare deel.
De praktijk leert dat sommige notarissen de neiging hebben om schenkingen aan de kinderen toch te beschrijven als schenkingen buiten erfdeel, alhoewel dit niet de bedoeling is van de ouders. De enige

reden waarom zij dit doen is omdat hun ereloon op een schenking buiten erfdeel het dubbele mag bedragen van een schenking als voorschot op de erfenis.
Buiten het feit dat deze houding minstens laakbaar is, kan het ook tot gevolg hebben dat bepaalde kinderen de schenking van broer of zus zouden kunnen laten verminderen indien het beschikbare deel zou overschreden zijn. Deze broer of zus verliest dan zijn voordeel van de schenking, terwijl de andere kinderen meer zullen erven, wat zeker niet de bedoeling geweest is van de ouder(s). Opletten is hier dus de boodschap!

De bevoorrechte erfgenamen zijn de ouders
Wanneer de ouders tot de nalatenschap komen, hebben zij elk recht op één vierde van de nalatenschap. Indien beide ouders nog in leven zijn, zul je dus vrij over de helft van je goederen mogen beschikken. Als slechts één ouder in leven is, is je beschikbare deel drie vierde. Ouders kunnen wel onterfd worden ten voordele van de langstlevende echtgenoot en de wettelijk samenwonende partner, maar dat moet dan in een huwelijkscontract of testament vastgelegd worden.

De bevoorrechte erfgenaam is de langstlevende echtgenoot
De langstlevende echtgenoot heeft steeds recht op minstens de helft van het vruchtgebruik van de nalatenschap en steeds op het vruchtgebruik van de gezinswoning, zelfs als die in het eigen vermogen zit van de overleden partner en zelfs als dit meer bedraagt dan het vruchtgebruik op de helft van de nalatenschap.
Dit vruchtgebruik houdt in dat hij of zij een levenslang recht van bewoning heeft, hiervoor geen huurgeld of vergoeding moet betalen, en wanneer de gezinswoning zou verhuurd worden, de huurgelden mag opstrijken. Enkel de normale kosten van onderhoud en de belastingen die aan dit goed gekoppeld zijn, moeten door de langstlevende echtgenoot gedragen worden. De zware kosten (bijvoorbeeld vervanging van de verwarmingsketel, van het sanitair, plaatsing van een nieuw dak...) zijn ten laste van de naakte eigenaars.

› Soorten schenkingen

Er wordt een onderscheid gemaakt tussen de schenking van een roerend goed (geld, beleggingsportefeuille, auto, meubilair...) en een onroerend goed (grond, huis, appartement...).

Schenking van roerende goederen

De meeste roerende goederen kunnen weggeschonken worden via handgift of bankgift en zijn vrijgesteld van schenkbelasting, op voorwaarde dat de schenker nog drie jaar blijft leven nadat hij de schenking gedaan heeft. Sterft hij binnen de drie jaar na de schenking, dan wordt hetgeen weggeschonken werd nog bij zijn nalatenschap geteld en wordt hierop erfbelasting betaald.

Het is dus noodzakelijk dat men aan dergelijke schenking een vaste datum kan toekennen. Dat kan bijvoorbeeld door de bevestiging van de bank- of handgift aangetekend te versturen. Dergelijke bevestiging is het document waarin de schenker en de begiftigde beiden de schenking bevestigen en waarin gewoonlijk heel wat modaliteiten vermeld worden.

Zo kunnen schenker en begiftigde overeenkomen dat de schenking tenietgedaan wordt als de begiftigde zou overlijden voor de schenker. Dit noemt men het recht van conventionele terugkeer. Ook kan men bedingen dat hetgeen geschonken werd nooit in een huwelijksgemeenschap mag ingebracht worden, teneinde te vermijden dat het uiteindelijk zou moeten gedeeld worden met een ex-partner, als het huwelijk van de begiftigde zou eindigen op een echtscheiding.

Naast de handgift en de bankgift bestaat een derde systeem, namelijk de geregistreerde schenking. Dergelijke schenking kan te allen tijde gebeuren, ook binnen de periode van drie jaar voor overlijden van de schenker. Op het ogenblik dat de schenking geregistreerd wordt, wordt er 3% (schenkingen ten gunste van kinderen, kleinkinderen, tussen echtgenoten en samenwoners) of 7% (in alle andere gevallen) schenkbelasting betaald op de waarde van de schenking op de dag van registratie. Na betaling van deze schenkbelasting verdwijnt het weggeschonken bedrag definitief uit de nalatenschap.

Dit kan een zeer groot voordeel opleveren wanneer bijvoorbeeld een oom over belangrijke sommen beschikt. Indien de goederen zouden geërfd worden, is de kans groot dat de erfbelasting zou oplopen tot meer dan 60%. Bij een geregistreerde schenking betaalt de begiftigde hierop slechts 7%!

Schenking van onroerende goederen

Wanneer men onroerende goederen wegschenkt, heeft men steeds een notaris nodig en moet er altijd schenkbelasting betaald worden. Deze schenkbelasting is doorgaans lager dan de erfbelasting. Is in uitzonderlijke gevallen de schenkbelasting toch hoger dan de erfbelasting (omdat het onroerend goed een heel hoge waarde heeft), dan kan het fiscaal interessant zijn om de techniek van de striptease-schenking of de salamischenking toe te passen. Zoals men zich bij een striptease-act beetje bij beetje ontkleedt, zo kan men zich ook beetje bij beetje ontdoen van een onroerend goed. Het is perfect mogelijk om bijvoorbeeld één vijfde van een woning weg te schenken, waardoor de schenkbelasting relatief laag blijft, en het resterende onroerend goed nog slechts ten belope van vier vijfde eigendom blijft van de schenker. Indien men dat om de drie jaar herhaalt, blijft de lage schenkbelasting gelden, zodat er in totaliteit toch minder zal moeten betaald worden dan wanneer men het onroerend goed zou erven.

Soorten testamenten

De Belgische wetgever kent drie vormen van testament, met name het eigenhandig testament, het notarieel testament en het internationaal testament. Het eigenhandig en het notarieel testament komen veel voor, het internationaal testament wordt zelden gebruikt en wordt hier dan ook niet besproken.

Het eigenhandig testament

Een eigenhandig testament moet effectief met de eigen hand geschreven worden. Het kan bijgevolg niet getypt of met de computer gemaakt worden. Ook iemand anders kan het niet voor jou schrijven, je moet het zelf doen! Daarenboven moet het gedagtekend zijn, de datum moet er dus op vermeld worden en het moet ondertekend zijn. Als een van deze drie vormvoorwaarden ontbreekt, dan is het testament volledig ongeldig.

Let er ook op dat diegene die bevoordeeld wordt, correct vermeld is, zodat er geen betwisting kan ontstaan. Hou ook rekening met het feit dat deze persoon misschien voor jou overlijdt. Indien jij wenst dat zijn kinderen zijn plaats innemen, moet dit ook uitdrukkelijk vermeld worden, want dat gebeurt niet automatisch.
Om ervoor te zorgen dat het testament bij overlijden van diegene die het gemaakt heeft bekend wordt, kan je het best afgegeven aan een notaris die het bijhoudt en het bestaan ervan ook doorgeeft aan het Centraal Register voor Testamenten, het CRT. Wanneer er dan later een erfrechtverklaring of een attest van erfopvolging moet opgemaakt worden om de gelden bij de financiële instellingen vrij te maken, moeten de notaris, de vrederechter of het registratiekantoor die deze akte mogen opmaken, voorafgaandelijk contact opnemen met het CRT, om na te gaan of er ergens een testament bekend is. Indien het antwoord positief is, wordt met de notaris die het testament bij zich heeft, contact opgenomen en wordt het testament opgevraagd en uitgevoerd.
Uiteraard kan men het testament ook steeds geven aan diegene die als begunstigde werd aangeduid, maar dat is niet altijd opportuun. Let er ook op dat de wilsbeschikkingen van verschillende personen niet in eenzelfde testament staan. Dergelijke testament noemt men een conjunctief testament en dit is ongeldig.

Het notarieel testament

Wanneer je naar de notaris gaat om een testament op te stellen, dan zal deze noteren wat hem gedicteerd wordt. Met andere woorden: je zegt wat er moet instaan en de notaris zal dit bijna letterlijk moeten opschrijven. Om ervoor te zorgen dat hij dat effectief doet, moeten er twee getuigen aanwezig zijn, die het testament eveneens ondertekenen en daarmee bevestigen dat wat erin staat overeenstemt met hetgeen er gezegd werd.
Indien je liever geen getuigen hebt, omdat je vreest dat zij de inhoud van je testament publiek maken, dan kun je vragen dat er een tweede notaris aanwezig is. Die vervangt dan de twee getuigen. De kostprijs van een notarieel testament is om en bij € 200, ongeacht of er één of twee notarissen aanwezig zijn.

Het voordeel van een notarieel testament is dat de notaris ter plaatse raad kan geven, of kan wijzen op bepaalde gevaren. Juridisch is het evenwel niet beter dan een eigenhandig testament, als dat tenminste goed werd opgesteld.
Een notarieel testament kan perfect vernietigd of vervangen worden door een eigenhandig testament en omgekeerd kan een eigenhandig testament tenietgedaan worden door een notarieel testament.
Als twee testamenten elkaar tegenspreken, dan zal het laatst gemaakte testament primeren, zo niet dan blijven ze allebei geldig en zullen ze ook allebei uitgevoerd worden.

Loop je een risico als je erfgenaam bent?

Vaak beschouwt men erven als iets wat rijk maakt en dikwijls is dat ook zo. Nochtans houdt erven ook bepaalde risico's in. Een erfenis, waarbij men alleen maar het actief erft en het passief kan laten vallen, bestaat immers niet. Als er schulden zijn, moeten die toch ook door iemand betaald worden, en wie is beter geplaatst dan diegene die ook het actief verwerft? Dat was de achterliggende gedachte toen de wetgever ons erfrecht ontwikkelde. Vandaar dat iemand die een nalatenschap erft, ook gehouden is de schulden te betalen.
Gelukkig heeft de wetgever ingezien dat dit kan leiden tot grote problemen en heeft hij een keuzemogelijkheid in het erfrecht ingebouwd. Een erfgenaam kan kiezen tussen drie mogelijkheden:

- Ofwel aanvaardt hij de erfenis zonder meer. In dat geval zal hij moeten instaan voor de integrale betaling van de schulden in verhouding tot het deel dat hij ontvangt, eventueel zelfs met eigen gelden. Dergelijke aanvaarding kan uitdrukkelijk of stilzwijgend gebeuren, uitdrukkelijk in een document of in een akte, stilzwijgend door een handeling te stellen die noodzakelijk zijn bedoeling om te aanvaarden insluit.

- Ofwel verwerpt hij de erfenis, en moet hij geen schulden betalen, maar uiteraard ontvangt hij dan ook niets uit de nalatenschap. Dergelijke verwerping moet altijd uitdrukkelijk plaatsgrijpen en dat door een verklaring af te leggen op de griffie van de rechtbank van eerste aanleg van het arrondissement waar de nalatenschap geregistreerd is, of ten overstaan van een notaris. Een erfgenaam die de erfenis verworpen heeft, kan daar nog altijd op terugkomen, zolang niemand anders ze aanvaard heeft.

- Ofwel aanvaardt hij onder voorrecht van boedelbeschrijving. Dat is een soort gulden middenweg tussen de twee vorige opties. Ook hiervoor moet er een verklaring afgelegd worden op de griffie van de rechtbank van eerste aanleg, of ten overstaan van een notaris, net zoals bij de verwerping.

  Het voordeel van dergelijke aanvaarding is dat de erfgenaam wel gehouden is tot het betalen van de schulden, maar slechts ten belope van het actief dat hij uit de nalatenschap heeft verkregen. Hij zal dus met eigen gelden geen opleg moeten betalen, wat wel het geval is bij een zuivere aanvaarding indien het passief het actief overtreft. Wanneer men erfgenaam wordt, komt het erop aan toch even na te denken en zich de situatie van diegene die gestorven is, voor ogen te halen. Was het een verre suikeroom uit Amerika, dan zal het risico zeker groter zijn dan wanneer het je eigen vader of moeder betreft.

Hoeveel bedraagt de (Vlaamse) erfbelasting?

Vroeger was de erfbelasting over het volledige grondgebied van België gelijk. Sinds de wetgever aan de gewesten een gedeeltelijke financiële autonomie gegeven heeft, bepalen de gewesten zelf de grootte van de erfbelasting en de eventuele verminderingen. Vandaag bestaan bijgevolg drie tarieven: de Vlaamse erfbelasting, en de Waalse en de Brusselse successierechten. (in Het Vlaamse Gewest spreekt men niet meer van 'successierechten', maar van 'erfbelasting'; in het Brussels Hoofdstedelijk Gewest en het Waalse Gewest is de term 'successierechten' behouden).

Binnen het bestek van dit boek beperken we ons tot de Vlaamse erfbelasting, die van toepassing is op alle nalatenschappen, voor zover de persoon die gestorven is, gedurende de laatste vijf jaar van zijn leven vooral in het Vlaamse Gewest heeft gewoond.

Erfgenamen in rechte lijn, echtgenoten en samenwonenden

De erfgenamen in de rechte lijn (grootouders, ouders, kinderen, kleinkinderen, geadopteerde kinderen, stiefkinderen, zorgkinderen, soms zelfs de ex-echtgenoot) betalen de allerlaagste tarieven.

Deze zijn:

- op de schijf van € 0,01 tot € 50.000,00: 3%
- op de schijf tussen € 50.000,01 en € 250.000,00: 9%
- op alles boven € 250.000,00: 27%

De tarieven worden toegepast per erfgenaam, en apart voor de roerende en de onroerende goederen. Wie dus € 50.000 erft aan roerende goederen (bijvoorbeeld geld, kasbons) en nog eens € 50.000 aan onroerend goed (een stukje grond), zal bijgevolg niet meer hoeven te betalen dan 3%. Roerende en onroerende goederen worden dus niet samengeteld in deze categorie van erfgenamen.
De gezinswoning wordt vrijgesteld van erfbelasting ten gunste van de langstlevende echtgenoot en de wettelijk samenwonende partner. Ook de feitelijk samenwonende partner moet geen erfbelasting betalen op de gezinswoning, op voorwaarde dat hij reeds meer dan 3 jaar samenwoonde met de overleden persoon en de kosten van de huishouding deelde. Zij betalen dus geen erfbelasting op (het deel van) de gezinswoning die (dat) in de nalatenschap valt. Andere erfgenamen die ook een deel van de gezinswoning erven (bijvoorbeeld de blote eigendom) betalen echter wel.

Broers en zussen

De tarieven die aangerekend worden wanneer de nalatenschap broers en zussen toekomt, zijn de volgende:

- op de schijf van € 0,01 tot € 75.000,00: 30%
- op de schijf tussen € 75.000,01 en € 125.000,00: 55%
- op alles boven € 125.000,00: 65%

Naast het veel hogere percentage dat aangerekend wordt, wordt daarenboven roerend en onroerend bezit samengeteld. Men heeft dus niet meer het voordeel van de scheiding van roerend en onroerend goed. Wel wordt de erfbelasting berekend per erfgenaam. Elke erfgenaam begint dus, wat zijn deel betreft, aan 30%.

Alle andere erfgenamen

De tarieven die aangerekend worden in deze categorie van erfgenamen, zijn de volgende:

- op de schijf van € 0,01 tot € 75.000,00: 45%
- op de schijf tussen € 75.000,01 en € 125.000,00: 55%
- en op alles boven € 125.000,00: 65%

Alhoewel op het eerste gezicht deze tarieven – met uitzondering van de eerste schijf tot € 75.000 – overeenkomen met de vorige categorie van erfgenamen, is er toch een fundamenteel verschil. De erfbelasting wordt namelijk niet meer berekend per erfgenaam, maar wel op de volledige nalatenschap. Pas nadien wordt de verschuldigde erfbelasting verrekend per erfgenaam. Het spreekt dus voor zich dat deze erfgenamen op een veel hoger gemiddelde zullen uitkomen dan de vorige categorie.

Speciale categorieën van erfgenamen

Naast de bovenvermelde categorieën bestaan er in Vlaanderen nog speciale (en zeer voordelige) tarieven:

- 8,5% voor legaten die toegekend werden aan vzw's, ziekenfondsen, beroepsverenigingen, internationale vzw's, private stichtingen, stichtingen van openbaar nut, het Vlaamse Gewest, de Vlaamse Gemeenschap, enzovoort.

Hoeveel bedraagt de (Vlaamse) schenkbelasting?

We moeten hier een onderscheid maken tussen schenking van roerende goederen (geld, juwelen, meubels,...) en schenking van onroerende goederen (gronden, huizen, appartementen).

Schenking van roerende goederen

Schenking aan 0%

Roerende goederen kunnen in principe belastingvrij (dus vrij van schenkbelasting) weggegeven worden, via handgift of bankgift. Indien de schenker echter binnen de drie jaar na de schenking overlijdt, valt de waarde van de weggeschonken goederen in de nalatenschap en moet hierop erfbelasting betaald worden.

Roerende goederen die niet via handgift of bankgift kunnen weggegeven worden (bijvoorbeeld aandelen van een bvba) kunnen ook belastingvrij overgedragen worden door handig gebruik te maken van de verschillende wetgevingen van België en Nederland en dus een beroep te doen op een Nederlandse notaris. De Belgische wetgeving bepaalt immers dat
voor elke schenking die op Belgisch grondgebied gebeurt, schenkbelasting verschuldigd is. De Nederlandse wetgeving daarentegen schrijft voor dat elke schenking die op Nederlands grondgebied plaatsvindt, en waarbij een van de partijen een Nederlander is, aan schenkingsrecht onderhevig is. Als dus twee Belgen in Nederland een schenking doen voor een Nederlandse notaris dan moet er noch in België, noch in Nederland schenkbelasting betaald worden.

Schenking aan 3% en 7%
Wanneer men het risico van de drie jaar niet wil lopen, kan men uiteraard ook zijn toevlucht zoeken tot de geregistreerde schenking. Dat kan uiteraard via de notaris, maar hoeft niet. Het enige wat men nodig heeft, is een document waaruit de schenking blijkt en dat ondertekend is door de schenker en de begiftigde. In het document moet natuurlijk de waarde staan van de geschonken goederen en er moet ook vermeld worden dat de begiftigde de schenking aanvaardt (wat logisch is, anders kan men toch moeilijk van een schenking spreken). Met dit document gaat men naar een registratiekantoor, waar het geregistreerd wordt.
De schenkbelasting bedraagt 3% van het geschonken bedrag als de begiftigde een kind, echtgenoot, samenwonende partner (zowel wettelijk als feitelijk samenwonend) is van de schenker, of 7% in alle andere gevallen (bijvoorbeeld een schenking van een oom aan zijn nicht kost 7% schenkbelasting, terwijl de erfbelasting in dergelijk geval zou kunnen oplopen tot 65%!).
Naast het rechtlijnige tarief van 3% of 7% heeft deze schenking het voordeel dat het weggeschonken goed ook dadelijk uit het patrimonium van de schenker verdwijnt en, zelfs wanneer die binnen de drie jaar na de schenking overlijdt, niet meer zal belast worden.

› Schenking van onroerende goederen
Onroerende goederen (gronden, gebouwen) kunnen nooit via handgift

weggeschonken worden. Hiervoor is steeds de tussenkomst van een notaris vereist. De tarieven zijn ook totaal anders en werden medio 2015 gevoelig verlaagd.

Schenking van huizen, appartementen, landbouwgrond, weiland, e.d.
Tarieven die gelden voor onroerende schenkingen in de rechte lijn, tussen echtgenoten en tussen samenwonende partners:
- op de schijf van € 0,01 tot € 150.000,00: 3%
- op de schijf tussen € 150.000,01 en € 250.000,00: 9%
- op de schijf tussen € 250.000,01 en € 450.000,00: 18%
- en op alles boven € 450.000,00: 27%

Tarieven die gelden voor onroerende schenkingen tussen alle andere personen:
- op de schijf van € 0,01 tot € 150.000,00: 10%
- op de schijf tussen € 150.000,01 en € 250.000,00: 20%
- op de schijf tussen € 250.000,01 en € 450.000,00 30%
- en op alles boven € 450.000,00: 40%

Voor schenkingen van een bouwgrond gelden tot 31/12/2019 naast deze tarieven ook nog andere tarieven. Deze liggen echter hoger dan hetgeen hiervoor besproken werd en om ervan te kunnen genieten moet er aan bepaalde strikte voorwaarden voldaan worden. Vandaar dat het gewoonlijk voordeliger is om ook bouwgronden weg te schenken aan dit tarief.

Alhoewel door de verlaging van de schenkbelasting het wegschenken van een onroerend goed doorgaans goedkoper is dan dit te laten vererven, kan het soms toch zijn dat de schenkbelasting hoger dreigt te worden dan de erfbelasting.

In dat geval kan men gebruikmaken van de stripteaseschenking of de salamischenking, of met andere woorden schenking in schijfjes. Dat systeem bestaat erin om de schenkingen van onroerende goederen in de tijd te spreiden. Wanneer tussen twee schenkingen (uiteraard met dezelfde schenker en begunstigde) een periode zit van meer dan drie jaar, berekent men de schenkbelasting steeds alsof het een eerste schenking betreft. Is de periode tussen de schenkingen echter minder dan drie jaar, dan zal men, om de berekeningsbasis van de rechten te bepalen, ook rekening moeten houden met de vorige schenking(en).

Een voorbeeld maakt dit duidelijk:

Jan schenkt aan zijn kleinkind Sofie een onroerend goed ter waarde van € 400.000. Hierop betaalt Sofie € 40.500 schenkbelasting (3% op de eerste schijf van € 150.000, 9% op de volgende schijf van € 100.000 en 18% op de volgende schijf van € 150.000).
Indien Jan zijn onroerend goed echter in stukjes gaat wegschenken, en tussen elke schenking een periode laat van minstens 3 jaar, dan zal Sofie op een eerste schenking met een waarde van € 150.000 € 4.500 betalen; 3 jaar later zal zij op het tweede deel van € 150.000 opnieuw slechts € 4.500 betalen; en op de restschenking van € 100.000 na nog eens 3 jaar zal zij slechts € 3.000 betalen. In totaal dus € 12.000 of een totale winst van € 12.000!

“Het is tamelijk gevaarlijk in een maatschappij te leven die als een mossel in zichzelf opgesloten is. Men wordt er zeer gevoelig en teer in, en kan geen frisse lucht en frisse ideeën meer verdragen.”

~ Jawaharlal Nehru

HOOFDSTUK 6
VERBONDENHEID MET DE GROEP, DE SAMENLEVING, DE CULTUUR

Wanneer je eenmaal met pensioen bent, hoe verhoud je je dan tot de samenleving? Hoe breng je je dagen door en welke gevolgen heeft het wegvallen van betaalde arbeid voor je? We leven in een maatschappij waar het een *must* is om vitaal, actief en succesvol te zijn. De tijd van als gepensioneerde aan de kant van de samenleving te staan, is voorbij. Maar je stelt je mogelijk ook wel de vraag 'ik wil vooral mezelf zijn maar hoe pak ik dit in de praktijk aan?'.

1. Leven volgens het yolo-principe?

Met pensioen en nog altijd druk, druk, duk? 'Als je het echt zo druk hebt, dan zeg je dat geen drie keer,' vertelde Theo Maassen in zijn conference 'Functioneel naakt'.[85]

We ervaren met ons allen meer tijdsdruk. En dat dit zo is, komt volgens Theun Pieter Van Tienoven (socioloog, verbonden aan de onderzoeksgroep TOR, VUB) niet zozeer doordat we voortdurend in tijdsnood zitten, maar wel doordat we steeds meer druk ervaren om alles *nu* te beleven.

> *"Misschien voelen we die tijdsdruk niet meteen als we net met pensioen zijn, maar die steekt vaak snel genoeg opnieuw de kop op, en wel onder het mom van 'yolo'..."*

YOU ONLY LIVE ONCE!

De *mainstream* levensleidraad in een notendop is volgens Piët 'yolo': 'you only live once' of een variant daarop, namelijk 'olli': 'one life, live it'.[86] In de Action kunnen we zelfs kussentjes met spreuken kopen zoals 'you only live once, think twice'. En zo kunnen we nog wel even doorgaan.

We leven volop in een belevingsmaatschappij waarbij de nieuwe sociale elite de 'demo-rijken' zijn. Vroeger werd de jetset bepaald door afkomst, huwelijk of keuze aan de universiteit. Nu maken daar meer en meer gewone mensen deel van uit.

We willen *nu* met pensioen gaan en ondertussen *nu* de wereldreis van ons leven boeken waar we nooit eerder tijd voor hadden. Dit willen we *nu* combineren met voor de kleinkinderen zorgen omdat we deze opdracht al te lang uitgesteld hebben. Maar het is ook de tijd om *nu* het huis op te knappen en helemaal te schilderen omdat we daar *nu* pas tijd voor hebben. We willen trouwens ook *nu* die mobilhome kopen en er met onze vrienden opuit trekken omdat we daar *nu* pas deftige afspraken kunnen rond maken. En ja, we moeten ook *nu* die elektrische fiets kopen want we willen *nu* de Stelvio in Italië oprijden. We krijgen te maken met keuzestress...

Naast de zorgstress, de netwerkstress en de relatiestress duikt dus nog een andere stressfactor op, namelijk die van de keuzestress.

De toename van tijdsdruk werd door Theun Pieter van Tienoven op vrijdag 12 juni 2015 in de krant *De Standaard* omstandig omschreven.[87] Hij wijt die deels aan het steeds groter wordende spanningsveld tussen gezin en arbeid. 'Door langer te studeren, betreden we later de arbeidsmarkt, moet een carrière op kortere termijn worden gemaakt en stellen vrouwen kinderen krijgen uit tot een (biologische) grens die desondanks blijft samenvallen met die geplande carrière.' Daarnaast speelt volgens Tienoven de heersende culturele norm in onze maatschappij mee dat we iets van ons leven moeten maken. 'We leven maar één keer en we moeten er het beste van maken.'

De sociaal-culturele norm om het druk, druk, druk te hebben, leeft dus wel degelijk en vertaalt zich naar vrijwel alle levenssferen, dus ook naar de opvoeding van onze kinderen en kleinkinderen.

Van Tienoven geeft, nog altijd in hetzelfde artikel, een aantal schitterende voorbeelden mee van hoe deze druk zich onder andere uit:

'We kopen een ski-uitrusting, een fitnessabonnement en een HD-recorder met ruimte voor de vele tv-series, en dat allemaal met één doel: beleven. Veel plannen worden niet uitgevoerd omwille van tijdsgebrek. Daarenboven is er de vluchtigheid van hypes en modes. Iets wat nu 'in' is, kan binnenkort alweer 'uit' zijn'. De vluchtigheid beperkt zich volgens van Tienoven niet alleen tot consumptie en recreatie. Ook het sociale leven verandert sneller dan vroeger. Stabiele instituten worden uitgehold, het traditionele gezin maakt plaats voor nieuw samengestelde gezinnen, jarenlang op dezelfde werkplek blijven is niet meer hip, jongeren vinden geen werk dat aansluit bij hun studie...'

Wat als je niet meekan of meewil met die ratrace?

De 'yolo- of olli'-verhalen zijn eindeloos, ook bij jouw generatie. Ze handelen niet enkel over onze 'leeftijdloze' maatschappij maar ook over onze 'tijdloze' maatschappij. Is er namelijk een bepaalde beleving in het heden die waardevol is voor de toekomst? Is een ervaring uit het verleden niet snel achterhaald? En wat met iemand die de vluchtigheid niet kan of wil bijbenen? Die raakt al snel hopeloos achterop of zelfs sociaal uitgesloten.

Van Regenmortel spreekt in dit verband over 'verbindingsproblematiek' die zich over verschillende niveaus kan voordoen (de verbinding met jezelf, je sociale netwerk, de sociaal-maatschappelijke infrastructuur en de toekomst) en die voor kwetsbaarheid kan zorgen.[88]

Verbinding met jezelf
Je kan de verbinding met jezelf kwijtraken, weinig zelfvertrouwen hebben en onzeker zijn over je eigen mogelijkheden. Zo ontstaat hulpeloosheid, omdat je de controle over de situatie kwijtraakt. Een langere periode op

jezelf aangewezen zijn en geconfronteerd worden met onvervulde behoeften leidt tot een afname van het vermogen om initiatief te nemen.

Verbinding met je sociale netwerk
Indien je kwetsbaar bent, dan heb je vaak ook kwetsbare sociale netwerken. Het vergt hoogstaande sociale vaardigheden om nieuwe mensen aan je te binden, zeker als je afhankelijk bent van en aangewezen bent op de hulp van anderen. Het gevaar van misbruik door anderen loert om de hoek.

Verbinding met de sociaal-maatschappelijke infrastructuur
Indien er zich beperkingen voordoen, dan is het alsof de voorheen zo vanzelfsprekende maatschappelijke inbedding verdwijnt. Dan kom je bovendien in de vragende positie terecht, waarbij de eigen sturingsmogelijkheden afnemen. Dit gebrek aan wederkerigheid maakt het moeilijk om voor jezelf op te komen en bijvoorbeeld een hulpvraag te stellen. Het vergt veel 'eigen kracht' om te zorgen dat alle noodzakelijke dingen geregeld worden, zeker als je eigen netwerk beperkt is.

Verbinding met de toekomst
Indien je langere tijd kwetsbaar bent, ervaar je misschien een toenemende uitzichtloosheid. Je kan ervan overtuigd raken dat het niet meer beter zal worden en zo kan je je vertrouwen in de toekomst verliezen. Het gevaar bestaat dan dat je niet meer uit je stoel raakt en niet meer in beweging komt.

Gelukkig hoeft het niet zo'n vaart te lopen. Zestig-plus is immers het nieuwe vijftig. De meeste 60-plussers zijn vitaal, actief en hebben goesting om aan hun 'nieuw leven' te beginnen. Zoveel staat er immers nog te beleven, ook al is jouw pad ook niet altijd over rozen gegaan.

2. Ik heb nog zoveel te doen...

Reeds eerder in dit boek gaf ik aan dat het dominante gezinstype in het naoorlogse Europa lange tijd het kostwinnersmodel was: de man ging voltijds buitenshuis werken en de vrouw bleef thuis en zorgde voor het huishouden en de kinderen. De laatste decennia kregen we het tweeverdienersmodel, waarbij mannen én vrouwen buitenshuis gingen werken.

In 2015 werden de resultaten van een grootscheeps tijdsbestedingsonderzoek van prof. dr. I. Glorieux (cfr. *supra*) bekendgemaakt. In wat volgt, bekijken we enkele conclusies van naderbij.[89]

Volgens dit tijdsbestedingsonderzoek leidde deze fundamentele verandering namelijk niet tot een ingrijpende herverdeling van het werk tussen mannen en vrouwen! Vrouwen besteden dan wel minder tijd dan vroeger aan opvoedende taken, verzorging en het huishoudelijk werk, ze besteden er toch nog altijd veel meer tijd aan dan mannen.

> "Mochten we dus denken dat het traditionele rollenpatroon is weggevallen: niks is minder waar."

Vooral hierdoor is het combineren van werk en gezin voor vrouwen vaak nog steeds een fundamenteel maatschappelijk probleem: ze kunnen enerzijds niet ten volle presteren op de arbeidsmarkt omwille van gezinsverplichtingen. Anderzijds hebben ze het gevoel als vrouw en moeder tekort te schieten omdat hun job zoveel van hen eist. Prof. Glorieux stelt dat het leven van mannen nog steeds een stuk eenvoudiger is dan dat van vrouwen: 'voor de meeste mannen is de beroepsrol veruit de belangrijkste. Ze ontlenen hun status, eigenwaarde en zelfbeeld in grote mate aan hun werk. En het werk is vaak een goed excuus om minder te participeren aan het huishoudelijke werk of de kinderzorg.'[90] En laat deze woorden nu net uit de mond van een internationaal gerenommeerde mannelijke professor komen. Zijn tijdsbestedingsonderzoek liegt er in ieder geval niet om.

Deze rollenpatronen hebben uiteraard ook gevolgen voor het pensioen.

Glorieux stipuleert verder dat vrouwen met pensioen worden geconfronteerd met een veranderende moederrol en het weggevallen van betaalde arbeid.[91] Hij gaat ervan uit dat het wegvallen van de beroepsrol voor mannen een grotere aanpassing vergt dan voor vrouwen omdat bij mannen de centrale rol die hun beroepsactieve leven structuur en zin gaf, wegvalt.

Nog uit hetzelfde tijdsbestedingsonderzoek is ook gebleken dat zowel mannen als vrouwen na de pensionering meer tijd besteden aan het huishoudelijk werk. Maar ook: de zorg voor kinderen – dit zijn dan wellicht de kleinkinderen – neemt bij vrouwen opnieuw toe boven de 55 jaar. Bij mannelijke 55-plussers neemt kinderzorg (lees: kleinkinderzorg) slechts weinig tijd in beslag.

De conclusie uit het onderzoek van Glorieux is dan ook duidelijk: de totale werklast van vrouwen boven de 55 jaar ligt gevoelig hoger dan bij mannen van dezelfde leeftijdsgroep en is zelfs groter dan in de actieve volwassen levensfase. Omgekeerd hebben mannen boven de 55 jaar meer vrije tijd dan vrouwen, dit fenomeen is zelfs ook groter dan in de zogenaamde 'drukke leeftijdsfase' (fase van 30 tot 55 jaar).

Het goede nieuws is wel dat gepensioneerden tussen de 55 en de 64 jaar gemiddeld ruim vier uur meer vrije tijd per week hebben dan de totale Vlaamse bevolking tussen de 18 en de 75 jaar. Vooral de tijd voor recreatie, zoals wandelen, fietsen of een pretpark bezoeken, neemt gevoelig toe, naast het (nog meer) tv-kijken. Ook de nieuwe media zoals internet, tekstverwerking en digitale fotografie blijken populair te zijn.

En hoe zit het met de sociale participatie, hoor ik je vragen? Wel, uit het tijdsbestedingsonderzoek is gebleken dat 55- tot 75-jarigen overwegend aangeven niet contactarm te zijn. Ze besteden er zowel bij de formele participatie aan het verenigingsleven (vergaderingen, activiteiten van verenigingen of vrijwilligerswerk) als bij het hebben van informele sociale contacten (praten, telefoneren, op bezoek gaan, bezoek ontvangen of onbetaalde hulp aan inwonende en niet-inwonende familie) meer tijd aan dan de gemiddelde Vlaamse bevolking tussen de 18 en 75 jaar.

Toch is het zo dat, daar waar de Vlaamse bevolking tussen de 18 en de 75 jaar gemiddeld meer dan twintig uur per week praat met collega's, klanten of personen waaraan men diensten verleent, dit aantal daalt tot elf uur per week bij de 55- tot 64-jarigen en tot minder dan twee uur per week bij de 65-plussers. Bovendien verandert ook de mobiliteit. Waar 55- tot 64-jarigen nog een wekelijkse verplaatsingstijd hebben die ongeveer dezelfde is als de gemiddelde bevolking, daalt deze bij 65-plussers met rasse schreden.

Het echt goede nieuws ten slotte is wel dat pensionering niet betekent dat er een verschraling is van het tijdsbestedingspatroon, maar dat er wel degelijk een gevarieerd tijdsbestedingspatroon aanwezig is, en dit los van het werk. Het is pas dan ook dat daar echt tijd voor vrijkomt!

"Het echt goede nieuws ten slotte is wel dat pensionering niet betekent dat er een verschraling is van het tijdsbestedingspatroon."

3. Alles 'behapbaar' houden

Het zal vooral belangrijk zijn om eerst je kompas te raadplegen en pas daarna je uurwerk. Of om het met de wijze woorden van Prof. Ulrich Libbrecht et al. te zeggen: 'de weg is wijzer dan de wegwijzer'.[92]

Alles begint met een goed idee, waarop dan een strak plan volgt. Belangrijk daarbij is om intenties om te zetten in daadwerkelijk gedrag en inderdaad niet te wachten tot de gemiddelde leeftijd van 85 jaar om dromen in daden om te zetten. Want misschien kan je op dat moment enkel nog leven in je dromen...

Op YouTube staat een interessant filmpje van de Pools-Amerikaanse pianist Arthur Rubinstein (1887-1982). Zoek maar eens op 'Chopin, Nocturne op. 9 no. 2'. Ook al slofte Rubinstein bijna naar de piano, eenmaal hij achter het instrument zat, sloeg hij tot ver na zijn tachtigste zijn publiek nog met verstomming.

'Hoe hij erin slaagde om op die gevorderde leeftijd zijn virtuositeit te behouden,' werd Rubinstein ooit gevraagd. Hij antwoordde dat hij daarvoor een drievoudige strategie had. Hij speelde minder stukken dan vroeger. Door die beperking had hij meer tijd om te oefenen op hetzelfde. En het léék alleen maar alsof hij de snellere passages nog aankon, omdat hij de inleidende, andante passages een tel trager speelde dan op de partituur aangegeven. Een trompe-oreilles. In de vakliteratuur staan deze strategieën bekend als het SOC-model: Selection, Optimalisation en Compensation.[93]

Om alles behapbaar te houden, kan het interessant zijn om deze strategie meer en meer toe te passen in je leven: activiteiten selecteren, de geselecteerde activiteiten optimaliseren. Activiteiten die je minder goed kan, compenseren met activiteiten die je wel nog goed kan. Daarenboven is het een gegeven dat je na je zestigste ook beter weet wat je wil en niet wil, wat je kan en niet kan. Je legt je dus meer toe op wat echt waardevol is en je focust je daarop.

"Na je zestigste weet je beter wat je wil en niet wil, wat je kan en niet kan."

En vergeet het niet: 'Count your blessings'.

Uiteraard is hier in de literatuur ook wel sprake van een 'geluksparadox'. Objectief gezien gaat het, eens over de helft, achteruit. De fysieke achteruitgang zet in, de kans op sociaal isolement wordt groter en er vallen leeftijdsgenoten weg. Je beseft elke dag een beetje meer dat je minder toekomst dan verleden hebt. Welke mens wordt daar vrolijker van? Anderzijds, bekijk het ook eens op deze manier: twintigers associëren geluk met toekomst. Bij zestig met een plus zit het geluk eerder in het nu en wat je in het leven bereikt hebt, zonder uiteraard de blik op morgen te vergeten!

'De natuur geeft geen mens zo prijs dat ze hem van alle middelen tot verweer ontdoet en hem voor geleden verliezen niet rijkelijk compenseert.'[94]

4. 'Er nog toe doen'

'Zingeving is eigenlijk het antwoord dat mensen geven op de vraag: 'waarvoor kom jij 's ochtends graag je bed uit...' Als je weet dat je leven voor anderen van betekenis is, je activiteiten onderneemt en initiatieven ontplooit om in dat verband iets van waarde te realiseren en je doet dat alles met plezier, dan heeft je leven zin.'[95]

Volgens de filosoof Alain de Botton wordt elk volwassen leven bepaald door twee grote liefdesverhalen. 'Het eerste – dat van onze zoektocht naar lichamelijke liefde – is welbekend en goed gedocumenteerd (...). Het tweede – het verhaal van onze zoektocht naar de liefde van de wereld – is een geheimer en beschamender geschiedenis.'[96] We willen niet enkel graag gestreeld en geknuffeld worden, maar ook gezien en gehoord. Ertoe doen, gewaardeerd worden, iets betekenen. Dat geldt voor iedereen, ook als je straks oud bent.

Je vindt daar wellicht ook meestal je weg in, met vallen en opstaan. Volgens De Lange bestaan er een drietal strategieën waarmee je het mogelijke zinverlies in je leven kan beperken[97]:

- Door te werken en niet te snel uit het arbeidsproces te stappen. Zo blijf je deel uitmaken van de meritocratische samenleving die nu eenmaal de onze is.
- Door je status en zelfwaardering aan andere zaken te ontlenen dan aan je werk alleen.
- Door langzamerhand zonder status te leren leven. Dit is een vorm van levenskunst, waarbij innerlijke rijkdom meer telt dan uiterlijke waardering. Je kunt je leven ook zinvol maken onafhankelijk van de sociale erkenning van anderen.

> *"Typisch menselijk is dat we ergens willen bij horen omdat we dit fijn/prettig vinden. We willen deel uitmaken van een groep. Ook al zijn er individuele verschillen, toch zijn we niet graag volledig op onszelf aangewezen."*

Uit wetenschappelijk onderzoek is gebleken dat te lang alleen zijn trouwens neurochemische schade kan aanbrengen, wat op zich weer kan leiden tot depressie en zelfs tot psychosen.[98]

Daarenboven zijn we allemaal afhankelijk van elkaar, zo stelt Levitin.[99] We rekenen op elkaar... We verwachten daden van samenwerking. Het probleem bestaat erin dat we geneigd zijn ons te onttrekken aan wat er gebeurt, ofwel zijn we geneigd uit eigenbelang te reageren. Langs de andere kant willen we er als 'sociale soort' bijhoren, zo niet gaan we sociaal dood.

We wenden ons bijgevolg tot anderen om te weten wat acceptabel gedrag is. Hier komen echter heel wat psychologische krachten aan te pas, zoals ten eerste de spreiding van verantwoordelijkheid (waarom moet ik mijn nek uitsteken als anderen het niet doen?). Daarnaast speelt het principe van de sociale vergelijking ook een rol: we zijn geneigd ons gedrag te onderzoeken in termen van anderen. Een derde kracht bestaat erin dat we als mensen een grote wens hebben om ons te conformeren aan het gedrag van anderen, in de hoop dat dit gedrag ons acceptatie binnen onze sociale groep oplevert. We worden immers graag gezien als iemand die coöperatief, aangenaam en fijn is in de omgang.

Uiteraard zitten er addertjes onder het gras. We zijn niet alleen een sociale soort, maar vaak ook een egoïstische soort. Kitwood stelt bij gedrag ten opzichte van mensen met dementie – je kan dit extrapoleren naar gedrag ten opzichte van iedere andere – dat er niet alleen gedrag kan zijn waaruit mensen energie halen en dat de mens sterker en beter maakt. Tussen mensen onderling kunnen er namelijk ook gedragingen zijn die mensen naar beneden halen, de energie uit mensen halen, gedrag dat de persoon ondermijnt. Voorbeelden daarvan zijn: hetgeen een ander zegt ontkrachten, de ander als een kind behandelen, intimideren, stigmatiseren, anderen niet au sérieux nemen, manipuleren, negeren, spotten, verachten,...[100]

In de VOP-cursussen hoor ik vaak van mensen dat hun pensionering het moment bij uitstek is/kan zijn om de symbolisch dikke haag die in hun tuin staat – en die van binnenuit kapot en rot is – terug te snoeien tot er een heel dunne haag overblijft, waarbij de blaadjes van binnenuit terug in bloei kunnen schieten.

Je wil er nog toe doen voor de mensen die je belangrijk vindt, die je zorgvuldig uitkiest en die jou ook een warm hart toedragen. De rest lijkt meer en meer ballast.

5. De flair van sociaal engagement

Er nog toe doen, dus. Dit vereist sociaal engagement. Sociaal engagement wordt reeds enige tijd gezien als een belangrijke component om succesvol ouder te worden en om actief betrokken te zijn bij het leven.[101] Je sociaal leven is dan ook een cruciaal thema, naast thema's als familie, financiën, wonen, vrije tijd,...

Aandacht voor de spirituele laag ervan gaat over wat mensen ten diepste beweegt, inspireert en zin geeft vanuit heel alledaagse zaken zoals sociale relaties, daginvulling en woonplek.[102] De gelaagdheid kan een fysieke laag zijn (beschrijving van de werkelijkheid; de feitelijke en objectieve stand van zaken), een psychische laag (ervaring en emoties, de emoties die in de uitspraak verborgen liggen), een sociale laag (verbinding met het levensverhaal, de identiteit: de sociale omgeving waar iemand mee verbonden is en die iemands identiteit mee vormgeeft) en een spirituele laag (krachtbronnen, inspiratie: wat ten diepste beweegt en hun leven zin geeft).[103]

> *"Recente studies suggereren dat actief sociaal engagement bijdraagt tot de fysieke en mentale gezondheid van oudere volwassenen in het algemeen en van kwetsbare oudere volwassenen in het bijzonder."* [104]

Daarenboven hebben studies in Europa en in de Verenigde Staten uitgewezen dat actief sociaal engagement ook bij oudere volwassenen met een beperking bijdraagt tot subjectief welzijn en minder depressieve symptomen.[105] Dus of je nu een vitale burger bent of eerder kwetsbaar, iedereen vaart er wel bij om sociaal geëngageerd te zijn!

Ondanks het feit dat sociaal engagement een universeel thema is, zullen bepaalde kwetsbare groepen er minder aandacht aan besteden omdat zij vooral bezig zijn met hoe zijzelf de dag kunnen doorkomen. In moeilijke tijden blijkt het trouwens niet altijd zo eenvoudig om te putten uit bronnen om kracht te hervinden. Mensen kunnen elkaar veel ruimte geven, maar ook veel ruimte ontnemen. Toch slagen heel wat mensen er vaak in om opnieuw 'op te leven' en verder te gaan. Wij mensen zijn tot grootse dingen in staat. Veerkracht is, zoals reeds eerder gesteld, het vermogen om te kunnen omgaan met tegenslagen en veranderingen op zo'n manier dat de draagkracht daarna groter is dan voordien. Sociaal engagement speelt in dit alles een belangrijke rol.

En het hoeft allemaal niet altijd 'milk en honey' te zijn, zo zit het leven immers niet in elkaar. 'Het kan mooi zijn om liefdevol een prachtig falend bestaan van mensen te bewonderen,' zo filosofeert Dirk De Wachter.

Sociaal engagement wordt echter ook nog met veel andere factoren in verband gebracht. Zo wordt sociaal engagement ook gerelateerd aan persoonlijke interactie en participatie met betrekking tot sociale activiteiten; de aanwezigheid van veel sociale connecties en een hoog niveau van participatie in sociale activiteiten en het maken van sociale en emotionele connecties met mensen en de samenleving. Er is voldoende onderzoek[106] dat aangetoond heeft dat een hoge mate van sociaal engagement gelinkt kan worden aan een hoge mate van welzijn. Sociaal engagement blijkt zelfs een beschermend effect te hebben ten aanzien van mortaliteit in diverse chronische settings.[107] Toch zijn er slechts weinig mensen die helemaal goed in balans zijn, zo stelt Alain de Botton in zijn boek 'Kunst als therapie'.[108] Door ons psychologisch verleden, onze relaties, ons arbeidsritme kunnen onze neigingen naar een bepaalde kant doorslaan. Zo kunnen we te zelfingenomen zijn of te onzeker, te goed van vertrouwen of te achterdochtig, te serieus of te luchthartig.

'Social engagement' is strikt genomen het tegenovergestelde van 'social disengagement'. De disengagement-theorie, zoals oorspronkelijk geformuleerd wordt door Cumming & Henry in 1961[109], veronderstelt dat succesvol ouder worden afhangt van de mate waarin het individu erin slaagt om zich in toenemende mate terug te trekken uit de samenleving en de daarbij behorende taken en verantwoordelijkheden, om zich voor te bereiden op het naderende levenseinde. Zowel het individu als de samenleving heeft hier volgens die theorie een taak in. Een tijdige terugtrekking uit de samenleving wordt gunstig geacht voor de stabiliteit en de continuïteit van de samenleving, omdat dit zowel de mens als de samenleving voorbereidt op het naderende afscheid.

Maar de wereldbevolking is tussen 1961 en nu sterk veranderd en verouderd. Er kleeft een sociaal en economisch risico aan een samenleving die is opgedeeld in de zogenaamde 'plichtige' (zeg maar de werkende) en 'plichtenvrije' (zeg maar de gepensioneerde) burgers. Net daarom heeft de Wereldgezondheidsorganisatie (WHO) reeds in 2002 beslist om 'de ouderdom' te typeren als 'active ageing' en wordt ze omschreven als 'a process of optimizing opportunities for health, participation and security in order to enhance quality of life as people age'.[110] En binnen die redenering past perfect het belang van sociaal engagement.

Er zijn verschillende manieren om jouw sociaal engagement te bestuderen. Gekende modellen zijn onder andere: het konvooimodel, alsook de sociaal-emotionele selectiviteitstheorie. Een interessant instrument is verder de 'Future Time Perspective Scale' (FTP). Ten slotte geef ik je ook een manier mee om je sociaal netwerk in detail te bestuderen. Uit deze kaders kan je reeds een aantal inzichten putten omtrent hoe je je dagelijks leven vormgeeft.

5.1. Het konvooimodel

Een eerste kader is het konvooimodel van Kahn en Antonucci.[111] Volgens dit model ben je als individu gedurende je leven omgeven door een voortdurend in samenstelling wisselende verzameling van mensen, die onder elkaar regelmatig praktische en emotionele steun uitwisselen. De auteurs gebruiken voor deze verzameling van relaties het beeld van een konvooi, een sociaal konvooi.

Je sociaal konvooi is veranderlijk. Belangrijke levensveranderingen zoals pensionering, een echtscheiding of een verhuizing hebben grote invloed op je sociale netwerk. Sommige relaties verwateren en vallen weg, andere blijven of worden juist sterker. Een buurvrouw wordt bijvoorbeeld een vriendin; een jeugdvriend verhuist en verdwijnt uit je leven.

Juist in tijden dat je het moeilijk hebt, (maar ongetwijfeld ook in tijden dat je succes kent), is een sterk sociaal konvooi belangrijk. Op de momenten dat het nodig is, geef jij steun/waardering aan hen en zij aan jou. Het opbouwen van een sterk en stabiel konvooi is dus erg belangrijk bij het omgaan met grote veranderingen in je leven.

Op de afbeelding hieronder is te zien dat een sociaal konvooi is opgebouwd uit drie lagen. In de buitenste laag bevinden zich mensen die je kent via de verschillende rollen die je vervult in je leven. Het contact met deze mensen blijft vaak beperkt tot die rol, bijvoorbeeld binnen je sportclub of op je werk. Wanneer je grote veranderingen doormaakt in je leven, verandert er vaak ook veel in deze buitenste cirkel. De tweede cirkel betreft die mensen die je kent vanuit de verschillende rollen, maar met wie het contact al iets hechter is. In de binnenste cirkel bevinden zich de mensen die je tot je warme sociale contacten kunt rekenen. Doordat deze contacten niet (meer) gelinkt zijn aan rollen, zijn dit je meest stabiele contacten. Om stress en eenzaamheid als gevolg van grote veranderingen in je leven te voorkomen, zijn de contacten in deze binnenste cirkel het belangrijkst.[112]

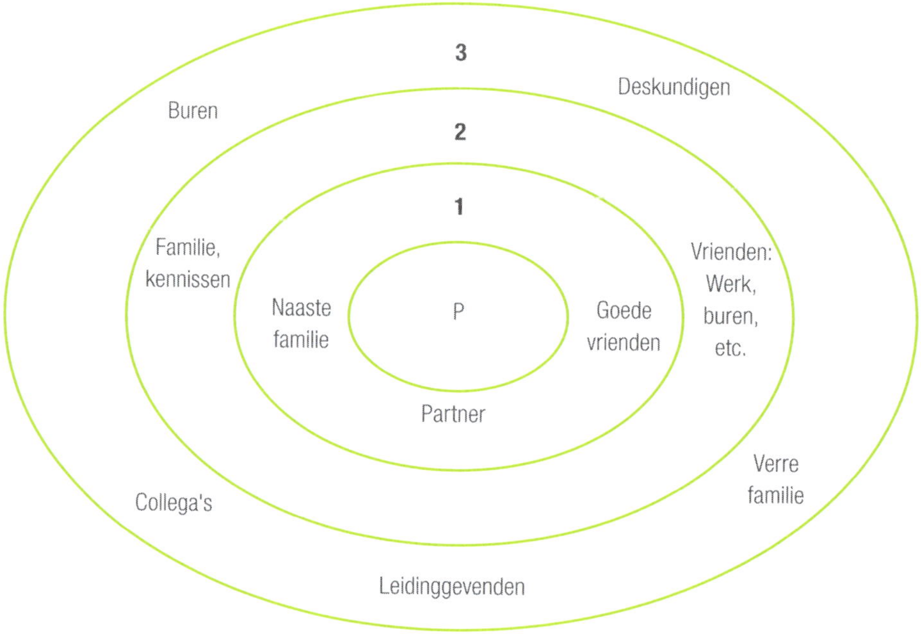

> *“Juist in tijden dat je het moeilijk hebt, is een sterk sociaal konvooi belangrijk. Op de momenten dat het nodig is, geef jij steun aan hen en zij aan jou.”*

5.2. De sociaal-emotionele selectiviteitstheorie

Een tweede interessant kader is terug te vinden bij de sociaal-emotionele selectiviteitstheorie[113], die de dynamiek schetst tussen individu en omgeving. Deze theorie houdt in dat, naarmate het besef komt dat het einde van je leven nadert, je motivationeel meer aandacht gaat schenken aan emotionele doelen (meer dan aan kennisfactoren). Deze leeftijdsgerelateerde motivationele verandering leidt tot wijzigingen in de dynamiek tussen individu en omgeving, waardoor je bijvoorbeeld veel meer belang gaat hechten aan hechte sociale relaties (vaak familie-relaties) waar jong-volwassenen meer kennis- en exploratiedoelen najagen. Door de nadruk op emotioneel betekenisvolle doelen te leggen, zal ook je mate van welzijn veranderen, waarbij de emotionele voldoening lijkt te stijgen met het ouder worden.

De ‘Future Time Perspective Scale’ (FTP)

Een interessant instrument dat ontwikkeld is door Carstensen & Lang is de Future Time Perspective Scale (FTP-schaal).[114] Dit instrument omvat tien vragen op een schaal van helemaal mee oneens (1) tot helemaal eens (7):

1. Er wachten me nog veel kansen in de toekomst.
2. Ik verwacht dat ik nog veel nieuwe doelen zal stellen in de toekomst.
3. Mijn toekomst zit vol mogelijkheden.
4. Het grootste deel van mijn leven ligt nog voor me.
5. Mijn toekomst lijkt oneindig.

6. Ik kan alles doen wat ik wil in de toekomst.
7. Er is nog meer dan genoeg tijd in mijn leven om nieuwe plannen te maken.
8. Ik heb het gevoel dat mijn tijd dringt.
9. Er zijn slechts beperkte mogelijkheden in mijn toekomst.
10. Naarmate ik ouder word, ervaar ik tijd meer en meer als beperkt.

De laatste drie items (stellingen 8-10) zijn tegengesteld gecodeerd. Wanneer scores worden toegekend, dan worden gemiddelden berekend. Er zijn echter geen duidelijke interpretatiescores voor dit instrument. Er blijkt wel een lineaire relatie te zijn tussen de chronologische leeftijd en de tijdshorizon van mensen.

Gebruik dus vooral deze stellingen om over jouw toekomst na te denken en om erover in gesprek te gaan met andere mensen.

Jouw sociaal netwerk in geuren en kleuren...

De organisaties Movisie en Vilans uit Nederland hebben de handen in elkaar geslaan opdat jij, alleen of met ondersteuning van derden, de mogelijkheid zou hebben om jouw sociaal netwerk in detail te bestuderen[115]:

Kenmerk	Beschrijving	Kracht van het netwerk
Omvang	Een kwestie van tellen: hoeveel mensen spelen een rol van betekenis in jouw leven?	Een groter netwerk betekent vaak ook dat het sterker is.
Samenstelling	Wie zit er allemaal in je netwerk?	Hoe meer verschillende mensen in het netwerk, hoe groter de kans dat het aan alle functies voldoet.

Dichtheid	In hoeverre kennen de netwerkleden elkaar? Is de familie hecht? Is er ook contact tussen jouw familie en vrienden? Is er sprake van een vriendengroep of zijn het allemaal losse contacten?	Een hoge dichtheid van het netwerk betekent dat gemakkelijk informatie gedeeld kan worden. Maar het kan ook als beknellend ervaren worden.
Stabiliteit	Zijn het oude relaties of juist recente? Is er sprake van verbroken relaties, uit het oog verloren vrienden, weer hersteld contact na een ruzie? In dit kader wordt ook wel gesproken van sterke en zwakke banden.	Iemand waarmee je een sterke band hebt, kan van grote betekenis zijn voor emotionele ondersteuning; een vage kennis kan van belang zijn voor het vinden van bijvoorbeeld vrijwilligerswerk of betaald werk.
Complexiteit	Dit heeft betrekking op de verschillende rollen die je vervult. Dit gaat zowel op binnen één relatie (help je bijvoorbeeld iemand slechts bij de administratie, of ga je ook samen op reis) als over het netwerk (er zijn bv. zeker vier mensen beschikbaar die mijn administratie zouden kunnen doen).	Dit gaat over de beschikbaarheid van talenten en rollen van alle leden van je netwerk. Hoe groter die beschikbaarheid (in jargon 'complexiteit') hoe meer mogelijkheden er zijn voor uitwisseling van taken en verantwoordelijkheden.
Bereikbaarheid	Hiermee doelen we op geografische nabijheid: woont iedereen dichtbij jou of zijn ze juist verspreid over het land (of soms zelfs over de wereld)? Woont je familie in de buurt?	Contacten die dichtbij wonen, kunnen gemakkelijker even langskomen en bij iets kleins helpen.

Als je al deze items hebt overlopen, zou je daar ook nog de functies van jouw sociaal netwerk aan kunnen toevoegen: de affectieve behoefte (de behoefte om gewaardeerd te worden, om te weten dat anderen vertrouwen hebben in jou); de behoefte van aansluiting (hoor je ergens bij? Voel je je betrokken en veilig bij anderen doordat je dezelfde interesses deelt of een gelijksoortige achtergrond hebt?); materiële behoeften (dit kan gaan over een woning maar ook over voeding/praktische hulp,...); sociale zekerheid (krijgt vorm vanuit het netwerk door terugbetaling hospitalisatiekosten...).

Indien je je volledige sociale netwerk in kaart hebt gebracht, vind je – op basis van wat voorafgaat – hieronder nog een aantal tips rond hoe je je netwerk verder kan versterken en uitbreiden:

- Begin met een open blik.
- Laat je leiden door jouw wensen en voorkeuren.
- Kijk of je netwerk al eerder in kaart is gebracht.
- Breng je netwerk in kaart (een proces).
- Maak je netwerk tastbaar en zichtbaar en breng het regelmatig ter sprake.
- Verbeter de kwaliteit van jouw contacten.
- Ga op zoek naar contacten op basis van vergelijkbare interesses en levensstijl.
- Betrek waar mogelijk ook je buren en buurtbewoners.
- Geef niet op. Soms is tegenslag even nodig om tot een doorbraak te komen.

En dan is er ook nog de sociale media die *boomt*!

6. Ook digitaal geletterd?

Sociale media: leef je op een prachtig eiland met glanzende digitale kralen?

Vaak wordt het sociaal netwerk voorgesteld door middel van een netwerkboom (zie hieronder). Als je de oefening zelf maakt, wie en wat hangt er dan aan jouw boom? Een cursiste van een van mijn VOP-opdrachten gaf beklijvende commentaar toen ze de netwerkboom zag. 'Bij mij is het simpel,' zei ze: 'aan mijn boom hangt vooral 'levend materiaal'. Sociale media is niet aan mij besteed omwille van te onpersoonlijk.'

Welk materiaal hangt er aan jouw boom? Is het vooral 'levend materiaal' of is het toch eerder sociale media? Of beiden?

De neurowetenschapper Daniel Levitin stelt dat intellectuelen jaren geleden reeds waarschuwden dat mensen niet meer met elkaar zouden praten, dat ze onder de boeken bedolven zouden raken en hun geest zouden vergiftigen met nutteloze en stompzinnige ideeën.[116] Die waarschuwingen klonken opnieuw toen de televisie en later de computerspelletjes, de pc, de iPod, iPad, e-mail en – nog later – Twitter, Facebook en WhatsApp ontstond. Die technologische snufjes worden door velen omarmd en door anderen verguisd. Deze laatsten stellen dat de sociale media de veroorzakers zijn van het onvermogen om met echte mensen om te gaan en in real time ideeën uit te wisselen.

De verslavingslus: wanneer de online en offline wereld samenvallen... Onze verschillende levensfasen razen voorbij, ze staan in een reële of vervormde versie gegrift in ons geheugen. Misschien zitten onze levensverhalen verborgen in een schoendoos of hebben we een levensvaas gemaakt. In ieder geval zijn de herinneringen van mensen permanent aan het worden... We beseffen amper wat de gevolgen zijn wanneer we elk moment van iemands leven al vanaf de geboorte vastleggen in 'posts' die iedereen kan bekijken. Denk maar aan de tijdslijn van Facebook. Velen krijgen de Zwitserse ziekte, 'le mal du Suisse': heimwee naar vervlogen tijden...

Google weet elke minuut van de dag of we boos, racistisch, bang of eenzaam zijn. Facebook, Twitter, Tumblr, datingsites, Instagram, Reddit,... en de mensheid ploetert voort en past zich eraan aan... Of niet?

Wat echter niet van de sociale netwerken kan gezegd worden, is dat mensen geen woorden meer zouden gebruiken, wel integendeel. Woorden zijn – naast beelden – nog steeds de manier bij uitstek waarop gedachten en gevoelens overgebracht worden,

> *"Woorden zijn – naast beelden – nog steeds de manier bij uitstek waarop gedachten en gevoelens overgebracht worden, hoe we contact zoeken met andere mensen en hoe er betrokkenheid en verbondenheid tussen mensen bestaat."*

hoe we contact zoeken met andere mensen en hoe er betrokkenheid en verbondenheid tussen mensen bestaat. Rudder durft zelfs de stelling in de mond te nemen dat het internet een wereld van schrijvers creëert, het online leven komt immers tot stand via woord en beeld.[117]

De communicatie van de toekomst? We begeven ons wellicht op een kruispunt van een ingrijpende verandering in het onderzoek naar de menselijke communicatie en wat we daarmee proberen te bereiken. Bij Twitter worden we bijvoorbeeld uitgenodigd om alle ballast weg te laten. In ieder geval is het zo dat, zolang er mensen zijn die verliefd zijn, jaloers zijn, in vervoering zijn, zich vervelen of opgewonden zijn,... daarover zal blijven geschreven worden.

We mogen echter de macht van sociale media niet onderschatten. Rudder stelt dat mensen soms afgeslacht worden op het internet.[118] Hier kan terecht de metafoor van het 'stenigen' vermeld worden. Het opofferen van een persoon om de rest van de groep te redden, is waarschijnlijk een praktijk die zo oud is als het leven zelf. Waarom verspreiden mensen negatieve ideeën? *Rumours...*

Sociale media kan dus 'empowerend' werken om mensen af te maken, om ze een kopje kleiner te maken.

60+ en aan de tablet

De sociale media breken door. En hoe. In de Verenigde Staten heeft 75% van de bevolking toegang tot internet. 60% van de 60-plussers heeft er toegang tot internet: dat is 6 op de 10.[119]

Hoe zit het in Vlaanderen?

Het onderzoekscentrum iMinds i.s.m. NICT & UGent heeft in 2015 het gebruik van digitale media door 56- tot 85-jarigen in kaart gebracht.[120] Daaruit blijkt dat de 'digitale kloof' zich niet enkel vertaalt in het bezit van computers en mobiele toestellen, maar ook in de mate waarin en de manier waarop men ze gebruikt. Een gebrek aan interesse en aan vaardigheden om ermee overweg te kunnen, zijn het vaakst de reden om geen digitale media te gebruiken.

Een woordje uitleg.

Heb je het of heb je het niet?

Als startpunt is het belangrijk te stellen dat ruim een kwart van de Vlamingen tussen 56 en 85 jaar oud is. Het aandeel vrouwen neemt toe met stijgende leeftijd. 50% van de 56-jarigen is vrouw. Bij de 85-jarigen is het aandeel vrouwen bijna twee op drie.

Tv: 25% van de 56- tot 65-jarigen heeft een smart-tv, tegenover vier op de tien 76- tot 85-jarigen die nog een klassieke beeldbuis hebben.

Telefonie: 53% van de mensen tussen de 56 en 65 jaar heeft een smartphone (59% van die mensen heeft een 'gewone' gsm). Hoe ouder de bevolking, hoe minder frequent mensen een smartphone hebben. De belangrijkste reden om geen smartphone te kopen is voor 56- tot 65-jarigen het feit dat ze geen meerwaarde zien ten opzichte van de 'gewone' gsm. Het belang van het gebrek aan vaardigheden neemt toe met de leeftijd.

Pc: als 55-plussers dit niet bezitten, is dat vaak niet omwille van financiële redenen maar door een (gepercipieerd) gebrek aan vaardigheden. De meeste 56- tot 65-jarigen die geen computer in huis hebben, geven als reden aan dat ze geen interesse hebben in computers, en dat ze ergens anders dan thuis een computer kunnen gebruiken. Bij 66- tot 75-jarigen speelt vooral het gebrek aan vaardigheden een belangrijke rol. Bovendien kennen deze mensen vaak wel iemand die de computertaken kan overnemen. Gebrek aan vaardigheden is ook bij 76- tot 85-jarigen de grootste drempel om een computer in huis te halen, naast een gebrek aan interesse.

Tablet: Ruim de helft van de 56- tot 65-jarigen heeft een tablet in huis. Voor 66- tot 75-jarigen is dat nog iets meer dan één op drie, terwijl slechts 4% van de 76- tot 85-jarigen aangeeft toegang te hebben tot een tablet.

Spelconsole: 56- tot 85-jarigen hebben zelden een spelconsole in huis.

Netflix blijkt onontgonnen terrein bij 56- tot 85-jarigen.

Wearables zijn al helemaal niet in trek bij 56- tot 85-jarigen.

Gebruik je het of gebruik je het niet?

Het dagelijks gebruik van de computer neemt licht af met de leeftijd (met sterke daling bij 76- tot 85-jarigen) en het dagelijks gebruik van de smartphone neemt sterker af met de leeftijd. Bij de tablet is er een piek in dagelijks gebruik op 56-65 jaar (wel via een persoonlijk toestel). Het tv-scherm is het belangrijkste scherm om tv-inhoud te bekijken. Anders dan bij 15- tot 55-jarigen wordt dit bij 56- tot 85-jarigen amper aangevuld met kijktijd op andere schermen (computer, tablet, smartphone). In de leeftijdsgroep van 15 tot 55 jaar wordt daarenboven bijna evenveel uitgesteld als live gekeken. In de daaropvolgende leeftijdsgroepen wordt die kloof steeds groter, en volgt de grootste groep het zendschema van de omroepen. Het downloaden of streamen van films/series komt amper voor bij 56- tot 85-jarigen. Nationale en regionale tv, radio en papieren krant zijn sterker aanwezig bij de oudere segmenten van de bevolking.

Wat het pc-gebruik betreft, zitten 56- tot 65-jarigen op het niveau van de 15- tot 55-jarigen; 66- tot 85-jarigen zijn minder vertrouwd met online nieuws. En hoe zit het dan met het smartphonegebruik? Wel, de helft van de smartphonebezitters tussen 15 en 55 jaar gebruikt dagelijks de smartphone om het nieuws te volgen. Bij 56- tot 75-jarigen is dat slechts een kwart. De voorkeur voor televisie als nieuwsbron neemt toe met leeftijd, maar dit is geen nieuw nieuws. De papieren krant geniet de grootste voorkeur bij 56- tot 65-jarigen. Het dagelijks luisteren naar de autoradio neemt verder af met de leeftijd (het aantal pendelaars van en naar het werk neemt af). Het radiotoestel in huis: het gebruik ervan piekt op 66 tot 75 jaar. Internetradio is minder voorkomend bij 56-plussers en online muziek (YouTube, Spotify, iTunes,...) is nog geen vaste gewoonte bij 56- tot 85-jarigen. 56- tot 85-jarigen die online luisteren naar muziek zijn trouwens minder geneigd daarvoor te betalen dan 15- tot 55-jarigen.

Wat het gebruik van de sociale netwerksites betreft, zijn er ook interessante conclusies mee te geven: twee op de drie Vlamingen tussen 56 en 65 jaar hebben de maand voor het afronden van het onderzoek ingelogd op minstens één sociale netwerksite. Bij 66- tot 75-jarigen is dat 44%, en bij 76- tot 85-jarigen amper 16%. Facebook is binnen elke leeftijdsgroep het sociale netwerk dat in de afgelopen maand het vaakst werd gebruikt. Bijna zes op de tien 56- tot 65-jarigen hebben de maand voor het afronden van het onderzoek Facebook gebruikt. Instagram is dan weer vooral populair bij de jongere generaties en wordt amper gebruikt door 56- tot 85-jarigen. 56- tot 75-jarigen met een smartphone gebruiken die smartphone vooral om te bellen en te sms'en. Facebook Messenger en WhatsApp worden door een minderheid gebruikt en Snapchat is zelfs zo goed als onbestaande binnen deze doelgroep. Online banking via de computer is dan weer opvallend sterk ingeburgerd bij 56- tot 75-jarigen. Ook iets meer dan de helft van de 76- tot 85-jarigen met een computer in huis zegt maandelijks online banking te gebruiken. Het gebruik van apps voor mobile banking op de tablet ligt een stuk lager dan online banking via de computer, maar is wel vergelijkbaar met de cijfers voor de leeftijdsgroep 15 tot 55 jaar. 56- tot 75-jarigen doen wel minder aan internetbankieren via de smartphone. Het online kopen of verkopen van goederen (e-commerce) is ten slotte nog een stuk minder populair bij 56- tot 85-jarigen dan bij 15- tot 55-jarigen. Ook kopen/verkopen via tablet of smartphone (m-commerce) komt in deze groep minder vaak voor.[121]

In 2016 pakte de Gezinsbond uit met een perstekst die stelde dat overheid en bedrijven sneller digitaliseren dan de gezinnen: 40% kan niet overweg met Tax-on-web, 50% niet met online formulieren voor sociale uitkeringen en in bijna de helft van de gezinnen kan niemand facturen verwerken en betalen met online systemen.[122]

En digitale ongeletterdheid is bij velen aanwezig...

De directeur van de Gezinsbond, Christel Verhas, komt op voor alle gezinnen en stelt: '*Het is de verantwoordelijkheid van de overheid om gezinnen beter wegwijs te maken in de digitale wereld. Tot zolang moet ze de vrije keuze tussen on- en offlinekanalen verzekeren. Daarom roepen we op om de toegankelijkheid tot online toepassingen te vergroten, drempels weg te werken en vooral mensen die digitaal minder vaardig zijn niet te discrimineren door hun dossier trager te behandelen of gaandeweg de toegang tot loketten, informatie, helpdesks en papieren documenten moeilijker toegankelijk te maken*'.[123]

In welke mate ben jij digitaal geletterd?
Doe de test op **www.digitalegeletterdheidtest.be**.

7. Het leren niet verleren: over 'flow', passie om te blijven leren en de essentie van breintraining

Met pensioen gaan, betekent op de een of andere manier weer een nieuwe connectie vinden, met om het even wat. Belangrijk is dat je mentaal actief blijft, het leren niet verleert. Dat vraagt niet alleen 'flow' in je leven, maar ook de passie om te blijven leren en inzicht in je brein, dat niet meer piep-piepjong is.

> *"Flow is als het ware een stemmetje in jezelf dat zegt 'ik los dit wel op'."*

7.1. 'Flow'

Een interessante gedachte is die van de wetenschapper Levitin.[124] Hij stelt dat het goed is als je leeft met 'flow'. Flow ontstaat wanneer je dingen doet die geen moeite kosten. Flow is als het ware een stemmetje in jezelf dat zegt 'ik los dit wel op'. Het is er wanneer je gefocust bent, vraagt intense concentratie en commitment, omvat duidelijke doelen, biedt directe feedback, is perfect afgestemd op jouw niveau. Als wat je doet te gemakkelijk is, dan ga je je vervelen en krijg je een 'bore-out'. Als wat je doet daarentegen te moeilijk is, dan raak je gefrustreerd en gestresseerd en krijg je een 'burnout'. Ja, ook als je met pensioen bent.

Is 'flow' hebben dan zo zaligmakend?

Flow is ook niet altijd goed. Als het tot een verslaving leidt en als het sociaal storend wordt, namelijk als je je helemaal in je flow terugtrekt en blijvend in je cocon blijft zitten, kan flow een probleem worden. Wanneer je je creativiteit in die mate voedt, kan je de essentiële verbinding met je omgeving kwijtspelen.

Het tegenovergestelde van flow is weerstand hebben tegenover 'het moment'. Je zit in het moeten, je blijft pushen maar raakt geen meter verder, terwijl het anders zo moeiteloos gaat. Om dan terug in je flow te komen, kan het goed zijn om te bewegen, afstand te nemen van een aantal zaken en ruimte te creëren voor nieuwe dingen.

Wat geeft jou 'flow' in je leven?

Een ander mooi woord, vind ik persoonlijk, is om met passie te kunnen leven en leren.

7.2. Passie om te blijven leren

Uit breinonderzoek is gebleken dat het goed is als je mentaal actief blijft en levenslang leert.

Maar wat zijn jouw motieven om te blijven leren?

McClusky in: Cramer en Van der Kamp schetst een aantal belangrijke motieven waarom mensen op rijpere leeftijd blijvend willen leren.[125] Misschien zit daar voor jezelf iets tussen dat je aanspreekt...

1. **Coping needs:** de behoefte om zichzelf te kunnen redden in het dagelijkse leven, bijvoorbeeld een cursus 'computervaardigheden' of 'werken met sociale media' volgen.
2. **Expressive needs:** de behoefte aan persoonlijke ontwikkeling, bijvoorbeeld een vreemde taal studeren of een cursus schilderen volgen.
3. **Contributive needs:** de behoefte om een bijdrage te kunnen leveren aan de maatschappij, bijvoorbeeld een vrijwilligersopleiding volgen.
4. **Influence needs:** de behoefte om mee te praten en invloed uit te oefenen, bijvoorbeeld actief lid worden van een politieke partij en/of een (ouderen) raad.
5. **Transcendence needs:** de behoefte die samenhangt met zingeving, bijvoorbeeld deelnemen aan een cursus of gespreksgroep rond 'levensvragen', cursussen filosofie volgen,...

Leren vraagt echter cognitieve competenties zoals intelligentie, denkvermogen, aandacht, geheugen en motivatie. Wat geheugen betreft, is het belangrijk om te weten hoe je brein werkt. Wat verandert er als je ouder wordt en wat zijn de consequenties ervan voor het leren?

Je brein is altijd in ontwikkeling. Er zijn tal van boeken verschenen over de werking van het brein. Er bestaan boeken over het kinderbrein, het puberbrein, het volwassen brein, het creatieve brein en jawel, het seniorenbrein.

7.3. Je brein: altijd in ontwikkeling

Het brein is complex

De ontwikkeling van het brein, met inbegrip van de cognitieve ontwikkeling van mensen, is een nauwelijks te overschouwen onderzoeksdomein en gaat minstens terug tot Jean Piaget (1896-1980), een Zwitsers psycholoog die een model heeft ontwikkeld voor de cognitieve ontwikkeling van de mens. Summier voorgesteld zegt Piaget dat de mens niet zozeer geconditioneerd is in zijn handelen en dat hij vergaarde kennis niet vanzelfsprekend krijgt, maar dat de mens actief construeert door interactie met zijn of haar omgeving.[126]

Het model van Piaget heeft een aantal troeven (bv. geloof in experimenteren van mensen en ervaringsgericht leren) maar ook een aantal tekortkomingen (bv. te weinig aandacht voor cultuur en taal), waardoor er meer en meer aandacht kwam voor het sociaal-cognitieve model van Crick & Dodge.[127]

Het sociaal-cognitieve model van Crick & Dodge (1984), dat de mens bestudeert binnen de sociale omgeving, stelt dat je als individu telkens een aantal mentale stappen onderneemt vooraleer je wat zij noemen 'competent sociaal gedrag' vertoont. De stappen zijn: encoderen van cues, interpretatie van cues, doelstellingen bepalen, responsselectie en responsevaluatie.

Hier komt de werking van het geheugen pertinent in beeld omdat voor alle stappen een wisselwerking plaatsgvindt tussen opgeslagen kennis in je geheugen, nieuwe kennis en ervaring in het informatieverwerkingsproces op het moment zelf.

Ook andere dan geheugenprocessen zijn belangrijk bij het opnemen en verwerken van informatie. De cognitieve processen zoals bijvoorbeeld aandacht, concentratie, metacognitie en executieve functies zijn al even belangrijk. Cognitieve functies hebben een zekere hiërarchische relatie tegenover elkaar. Logisch bekeken houdt dit in dat de werking van een bepaalde 'hogere' cognitieve functie de werking van een andere, 'lagere' functie kan beïnvloeden.

Geheugenklachten van iemand kunnen bijvoorbeeld zowel te wijten zijn aan problemen met concentratie of aandacht als aan een minder goede werking van het geheugensysteem.[128]

Het brein wordt levenslang gevormd

Sinds enkele decennia raakt steeds meer bekend over ons vermogen om ons brein steeds verder te blijven ontwikkelen. Ik heb eerder al aangegeven dat ons brein steeds in beweging is. Het is dus in feite nooit statisch. Een paar voorbeelden maken meteen duidelijk hoe plastisch het wel is. Elke keer we ons ergens op concentreren, verandert er iets in ons brein. Elke keer we een wandeling maken, ontstaan er nieuwe neuronen in ons brein. En als we schade hebben aan ons brein, is het in veel gevallen zo dat andere hersengebieden de functie van de beschadigde gebieden overnemen.

Wanneer we ouder worden, is het zo dat veel mentale mogelijkheden normaal gezien achteruitgaan. Toch kunnen we veel doen om mentaal fit te blijven en zo vitaal ouder te worden. Door een combinatie van dagelijkse lichaamsbeweging en mentale uitdaging komen we al een heel eind. Bijkomende manieren waarop we ons brein goed kunnen blijven trainen, is door breinoefeningen te doen, een nieuwe taal te leren of een muziekinstrument te bespelen. Recent onderzoek laat zien dat breinplasticiteit bij ouderen deels via andere mechanismen verloopt, maar er nog steeds is.[129]

Volgens Wall et al. vereist iedere nieuwe geheugeninhoud het vormen van nieuwe verbindingen of het chemisch versterken door eiwitmodulatie en een synthese van oudere verbindingen.[130] Er kunnen zelfs op 70-jarige leeftijd nieuwe cellen worden aangemaakt in de hippocampus.[131]

Alles start met bewustwording

Wat heel belangrijk is, is dat je je in eerste instantie bewust bent van de werking van je eigen geheugen. Dat wordt ook het metageheugen genoemd. Metacognitie is 'denken over het eigen denken, een soort meta-denken'.

De term werd geïntroduceerd door Flavell[132] en is een complexe term die bestaat uit een aantal aspecten: kennis, werking, gevoelens over het eigen geheugen en vertrouwen dat men heeft in het eigen geheugen. Mensen die niet tevreden zijn over hun geheugen, schatten het ook laag in (vaak oudere volwassenen). Vaak klagen deze mensen omdat ze denken dat hun geheugen niet meer optimaal werkt.

Onze hersenen zijn kwetsbare organen. Een goede algemene gezondheid zorgt ervoor dat onze hersenen goed functioneren. Tal van interne en externe factoren kunnen van invloed zijn op de werking van het brein, onder andere zintuigen, voeding, medicatie, narcose, bewegen, sociaal contact, stress, slaap,...

Train je brein

Een twintigtal jaar geleden werd vaak aangenomen dat het geen zin had om op rijpere (en jawel, zelfs hoge) leeftijd je brein gezond te houden door middel van breingymnastiek.

Uit onderzoek de laatste jaren is echter gebleken dat het principe 'use it or lose it' toch opgaat. Of met andere woorden: 'rust roest'. De gedachte dat, als een structuur veel gebruikt wordt, er sterkere en uiteindelijk ook meer verbindingen worden gemaakt, gaat op.[133]

Het blijkt immers zo te zijn dat, als mensen geheugentraining volgen, ze zich bewuster zijn van de eigen mogelijkheden van hun geheugen en dat ze actiever omgaan met aangeleerde technieken. Verder kan een geheugentraining leren focussen op wat echt belangrijk is in het leven.[134]

Verschillende cognitieve trainingsprogramma's bij gezonde oudere volwassenen hebben in het verleden uitgewezen dat ze een stijging in het cognitief functioneren hebben teweeggebracht.[135] De beperkingen van deze studies hielden echter in dat zij slechts bepaalde cognitieve functies belichtten.

Daarenboven hebben eerdere studies uitgewezen dat cognitieve trainingsprogramma's niet alleen een verbetering veroorzaken inzake het cognitief functioneren, maar ook inzake depressieve symptomen. Het was moeilijk te detecteren of de verbeteringen te wijten waren aan de verbetering van de cognitieve functies of louter ingewerkt hebben op de depressieve symptomen.[136]

Als je ervoor kiest om geheugentrainingen te volgen – naast scrabbelen/lezen/monopoly spelen en sudoku's invullen – dan kies je dus best trainingsprogramma's die de verschillende componenten van het brein stimuleren. Aangezien cognitieve functies overal verspreid liggen binnen de hersenen, is het volgens mij belangrijk om een multistrategische geheugentraining te volgen. En laat dit nu net 'in' zijn bij 60-plussers. Dat mocht ik althans vaststellen toen ik tussen 2013 en 2016 de deskundigheidstrainingen tot geheugentrainer coördineerde aan het Groepscentrum voor Permanente Vorming, hogeschool Odisee te Brussel.

Maar wat is dat dan, een multistrategische geheugentraining? Eigenlijk een training die aandacht heeft voor de volgende aspecten: trainingen van het metageheugen, strategische trainingen, multimodeltrainingen, cardiovasculaire trainingen en procestrainingen.

Deze multistrategische geheugentrainingen staan echter nog in de kinderschoenen en dienen verder ontwikkeld te worden. Neurowetenschappers zijn volop gestart met 'neuro-imaging' (afname van hersenscans) als krachtige tool om voor- en nametingen van geheugentrainingen in de hersenen te meten, om zo de transfer naar het dagelijks leven nog beter te kennen.[137]

7.4. Trainingen metageheugen

Hierboven heb ik uitgelegd wat metacognitie betekent. Het is het bewust denken over het eigen denken.

Als je weet wat je kan verwachten van een ouder wordend brein, ga je daar veel realistischer over nadenken en daar bewuster mee bezig zijn. Dit kan echt de effectiviteit van je leerprocessen gunstig beïnvloeden.[138]

Uit eigen Vlaams onderzoek[139] is gebleken dat hoe meer angst, depressie en slaapklachten mensen ervaren, hoe lager men de capaciteiten van het eigen geheugen inschat, hoe meer verandering men in het geheugen waarneemt en hoe groter de angst is om geheugentaken uit te voeren. We stellen ook vast dat een klinische depressie invloed heeft op het geheugenzelfvertrouwen in de Vlaamse populatie... en dus op het metageheugen.

7.5. Strategische trainingen

Indien je je bewust bent van de werking van je eigen geheugen, dan kan het daarnaast belangrijk zijn om je geheugen te trainen door middel van zogenaamde strategische trainingen, die gegeven worden onder de vorm van **mnemotechnieken**.

Sinds de oude Grieken worden er verschillende mnemotechnische middelen gebruikt om het onthouden en oproepen van informatie te vergemakkelijken. Bij de meeste technieken wordt er gebruikgemaakt van je mentale verbeelding, dit is: je tracht mentale beelden op te roepen met betrekking tot de informatie die je moet onthouden, waardoor je de informatie makkelijker kunt onthouden en oproepen. Misschien wel de meest eenvoudige mnemotechniek bestaat erin om met de eerste letters van een aantal termen die je wil onthouden een nieuw bestaand of fictief letterwoord of acroniem te vormen, zoals bijvoorbeeld ROGGBIV (een acroniem voor de kleuren van de regenboog).

We overlopen kort enkele bekende mnemotechnieken.[140] Een van de bekendste is de **'linkmethode'**. Hierbij vorm je van elk woord dat je moet onthouden een krachtig mentaal beeld, dat je vervolgens op een opvallende manier koppelt aan het beeld van het vorige woord dat je moest onthouden. Zo krijg je een opeenvolgende reeks van beelden waarbij elk beeld idealiter het volgende beeld oproept in je geheugen.

Een andere populaire methode staat bekend als de **'methode van loci'** of virtuele reismethode. Hierbij worden de items die je moet onthouden gekoppeld aan plaatsen in een ruimte (bijvoorbeeld je huis) of herkenningspunten op een vast traject (bijvoorbeeld de weg van thuis naar de crèche van je kleindochter).

Acteurs in het oude Griekenland memoriseerden lange monologen door de inhoud ervan te koppelen aan verschillende plaatsen in het theater. In tegenstelling tot bij de linkmethode zou het vergeten van één item niet noodzakelijk tot gevolg hebben dat ook de andere items worden vergeten.

Een derde populaire methode is de **'kapstokmethode'**. Hierbij worden een aantal 'kapstokken' ingestudeerd, waaraan je vervolgens de woorden linkt die je moet onthouden. Er bestaan verschillende systemen. Eén daarvan is het nummer-rijmsysteem waarbij je een reeks woorden inprent die rijmen op een specifiek getal (1 = teen, 2 = zee, 3 = ski,...).

Naast al deze technieken heb je ook nog het zogenaamde **CASSA-model**. Dit model[141] is een meervoudige mnemotechniek en wordt vaak in geheugentrainingen in Vlaanderen gehanteerd. Door specifieke tips aangaande CASSA (zijnde: concentratie, associatie, structureren, selecteren en aanvaarden) kunnen bepaalde zaken namelijk gemakkelijker onthouden worden.

Al deze studies hebben niet alleen substantiële verbeteringen opgeleverd op het vlak van verbetering van deze vaardigheden (m.a.w. hoe meer je die technieken gebruikt, hoe beter je ze ook onder de knie krijgt), ze hebben ook op korte termijn verbeteringen opgeleverd van de werking van het geheugen in het dagelijks leven. Er klinkt echter ook kritiek. Volgens bijvoorbeeld Lustig et al. hebben al deze oefeningen namelijk nauwelijks effect opgeleverd voor het functioneren in het dagelijks leven op langere termijn.[142]

7.6. Multimodeltrainingen

Naast de trainingen van het metageheugen en de strategische trainingen zijn er ook nog de zogenaamde 'multimodel'-trainingen. Deze interventies zijn complexer van aard of werken in op veranderingen in de levensstijl van mensen. Ze kunnen naast een cognitieve component ook een sociale component bevatten (bv. het aanleren van nieuwe vaardigheden, de participatie in vrijwilligerswerk, bridge spelen,...). Deze trainingen leveren voordelen op verschillende domeinen op, maar hun transfer naar het dagelijks leven zou toch klein zijn. Hoe complexer deze trainingen worden opgezet, met andere woorden: hoe meer cognitieve functies getraind worden (zoals bijvoorbeeld motivatie, adaptatie, taakvariabliteit,...), hoe meer transfermogelijkheden dit heeft naar het dagelijks leven.[143] Denken we bij deze trainingen maar bijvoorbeeld aan de **Nintendo Wii** die heel populair is bij zowel jong als oud en die inspeelt op het trainen van veel cognitieve functies! Dus, aanschaffen die handel!

7.7. Cardiovasculaire trainingen

Naast de trainingen rond het metageheugen, de strategische trainingen en de multimodeltrainingen zijn de cardiovasculaire trainingen in opmars. Reeds vele jaren terug heeft zowel crosssectioneel[144] als longitudinaal onderzoek[145] uitgewezen dat aerobictraining effectief het cognitief functioneren bij oudere volwassenen verbetert. Lustig et al. stellen uit hun review wel vast dat de onderliggende mechanismen van deze effecten op bepaalde punten nog steeds onduidelijk zijn en dat deze trainingen mogelijk niet aangewezen zijn voor personen met fysische beperkingen.[146]

Dus, vooraleer je je in een strak pakje hijst, informeer je toch maar eerst even of het oké is voor je gezondheid om intensief aan aerobic te gaan doen.

Of misschien wil je je na je pensioen wel storten op kracht- of balanstraining? Momenteel wordt volop onderzoek gedaan naar in hoeverre beweging in het algemeen en kracht- en balanstraining in het bijzonder positieve effecten zouden hebben op het cognitief functioneren van mensen. Wordt dus vervolgd...

7.8. Procestrainingen

Bij procestrainingen worden vooral de volgende cognitieve processen getraind: snelheid, aandacht, werkgeheugen, dubbele taken en switchen van taken. Een voorbeeld van een gekend spel – om de multitaskprestaties van oudere volwassenen te verbeteren – is het populaire spel Neuroracer. Het eindspel van het tv-programma van Tom Lenaerts 'Kalmte kan u redden' komt ook al aardig in de buurt om een aantal cognitieve functies te trainen!

Procestrainingen hebben een goede transfer aangetoond naar de bruikbaarheid ervan in het dagelijks leven, maar vereisen een zorgvuldige omschrijving die benadrukt welke cognitieve functies precies getraind worden.

Uitsmijter: hou je brein plastisch en ontdek online geheugentrainingen!

Als uitsmijter wil ik nog even het belang van oefeningen rond breinplasticiteit meegeven. Onder andere de in 2008 ontwikkelde cognitieve 'dual-n-back'-oefening, die generaliseerbaar is naar het zowel het algemene werkgeheugen als naar de vloeiende intelligentie. Bepaalde gebieden in de hersenen worden dus groter bij een hoger gebruik ervan. Bij de beschadiging van een gebied kunnen de naastgelegen gebieden de beschadigde gebieden tot op zekere hoogte overnemen. Breinreorganisatie kan vooral op jongere leeftijd, maar is niet uitgesloten op oudere leeftijd.[147]

En ook de online geheugentrainingen bij oudere volwassenen met geheugenklachten – zowel via het world wide web als via app – worden wereldwijd ontwikkeld. In de gaten te houden dus.

8. Cultuur en zo...

Hierboven heb ik al diverse topics aangesneden om creatief, zinvol en succesvol ouder te worden. Nog een belangrijk item in dit geheel is de participatie aan de samenleving in het algemeen en de culturele participatie in het bijzonder.

Vlaams minister van Cultuur, Jeugd, Media en Brussel, Sven Gatz, in zijn beleidsnota Cultuur 2014-2019: 'Het individu van de 21ste eeuw ziet zich meer dan ooit voor de uitdaging geplaatst om het eigen parcours van zijn ontwikkeling vorm te geven. Om mensen te sterken in hun zelfbewustzijn en maatschappelijke participatie, is het belangrijk dat iedereen binnen een superdiverse samenleving kansen krijgt en uitgedaagd wordt om levenslang en levensbreed te participeren aan cultuur. Ik wil werken aan een participatie die mensen verrijkt met nieuwe kennis, inzichten, perspectieven en breed inzetbare competenties.' Minister Vandeurzen bundelde de inzichten en acties ter zake van de Vlaamse Regering in het Ouderenbeleidsplan 2015-2020.

Voel ook jij je hierdoor aangetrokken?

Uit divers onderzoek is gebleken dat participatie loont. Wie actief participeert, heeft een optimistischer levensbeeld, is vaardiger in sociale contacten en heeft minder angst voor het nieuwe. Vanwege de toegenomen vrije tijd kan je massaal aan cultuur deelnemen.

> *"Wie actief participeert, heeft een optimistischer levensbeeld, is vaardiger in sociale contacten en heeft minder angst voor het nieuwe."*

Zo is het Europees project 'Lang leve kunst' (**www.langlevekunst.nl**) zeker de moeite waard om te bekijken. Er staan tal van praktijkvoorbeelden en initiatieven vermeld.

Er zijn verschillende vormen van cultuurparticipatie waarvan je je leven lang kunt genieten: erfgoed (historische wandelingen, bezoek aan archieven, museum- en tentoonstellingsbezoek), beeldende kunsten (musea en tentoonstellingen voor oude of schone kunsten, hedendaagse of actuele kunsten, kunstgalerieën), muziek (Vlaamse muziek, klassieke muziek, populaire muziek), film, sociaal-cultureel volwassenenwerk, culturele voorzieningen (bibliotheken, cultuur- en gemeenschapscentra), theater, klassieke kunsten (schone kunsten), kleinkunst, commerciële film, klassiek theater, operette, hedendaagse kunst, cabaret, kunst met educatieve functie, niet-commerciële film, folk/wereldmuziek, opera, hedendaagse dans, jazz, klassiek ballet, rock/pop/hiphop, performances,...

Voor de muziekliefhebbers is er het fijne initiatief MusicGenerations. Dit is een programma waarin jongeren tussen de 14 en de 25 jaar samen met individuen boven de 50 muziek maken. Het programma combineert talentontwikkeling en interactie tussen generaties en culturen. De artikelen in deze uitgave geven inzichten in hoe elementen van het programma een positieve bijdrage kunnen leveren aan sociale en politieke vraagstukken rond leeftijd, intergenerationaliteit, diversiteit en vrijheid.[148]

En ten slotte een woordje over de inspanningen van de Europese Commissie ter zake. Zij definieert 'Cultureel bewustzijn en expressie' als een van de acht kerncompetenties voor een leven lang leren. Het handboek 'Cultural awareness and expression handbook'[149], bedoeld voor nationale en Europese beleidsmakers, verkent deze kerncompetentie door het analyseren van verschillende interpretaties van termen op dit gebied, met voorbeelden van good practices en met aanbevelingen voor beleidsmakers.

9. Je talenten botvieren

Eenmaal gepensioneerd, wil je dus niet aangesproken worden op het verlies van functies en mogelijkheden. Je wil daarentegen wel aangesproken worden op je talenten en competenties, zo ook bij stijgende kwetsbaarheid.

Om na te gaan waar je goed in bent, wat je graag doet, wat je wil bereiken, welke dromen, ambities en inspirerende toekomstbeelden je wil realiseren, zijn er veel zaken mogelijk om sociaal actief te zijn. Inspirerende voorbeelden worden onder andere aangereikt door de Nederlandse organisatie Movisie die een professionele kennis en aanpak van sociale vraagstukken tentoonspreidt door de toolkit *Verzilveren* te introduceren. De auteurs van der Maat en van Xanten (2013) baseren zich daarvoor op vier belangrijke stappen die je zelf kan zetten[150]:

- Talenten en kwaliteiten (opnieuw) ontdekken: 'waar ben je goed in en wat wil je bereiken?'
- Zelfreflectie organiseren en plannen maken door bijvoorbeeld een cursus te volgen rond pensioeninzicht, ongekend talent, reflectie over de nieuwe levensfase, maken van plannen voor de toekomst. De Zelf Konfrontatie Methode of Zelf Kennis Methode (ZKM) kan hierbij een zeer interessante invalshoek zijn. Dit is een methodiek die past binnen de narratieve psychologie en werd ontwikkeld door em. prof. dr. H.J.M. Hermans van de Radboud Universiteit Nijmegen. De visie van de ZKM is dat je enerzijds streeft naar het realiseren van eigen

wensen en doelen, dat wat je zelf belangrijk vindt. Anderzijds zoek je naar de verbinding met de ander of iets anders. Beide drijfveren zijn algemeen menselijk van aard. Je bent je er vaak minder van bewust, ze openbaren zich in de gevoelswaarderingen die je geeft aan gebeurtenissen en ervaringen in je leven.

- Kennis en ervaring blijven gebruiken door bijvoorbeeld te blijven werken, een nieuwe job uit te oefenen, zich in te zetten voor een maatschappelijk doel, een eigen stamboom in kaart te brengen, levensboeken te maken samen met de kleinkinderen,...
- Initiatieven (helpen) opzetten: dit kan bijvoorbeeld een initiatief zijn rond duurzame energie of andere duurzame initiatieven.

Henri Matisse 'De Dans' (1909). Kwetsbaarheid en veerkracht spelen elk hun spel, niet alleen in het leven van de individuele mens, maar ook in het groepsleven als geheel.

"Je wil aangesproken worden op je talenten en competenties, zo ook bij stijgende kwetsbaarheid."

De Dans (Henri Matisse)

De dansers in het schilderij van Matisse ontkennen de problemen van de wereld niet, maar vanuit het standpunt van onze onvolmaakte en conflicterende maar gewone relatie met de werkelijkheid, kunnen we hun houding als een aanmoediging zien. Ze verbinden ons met een vreugdevol, zorgeloos deel van onszelf dat ons kan helpen om goed om te gaan met onvermijdelijke afwijzingen en vernederingen. Het schilderij suggereert niet dat alles in orde is, noch dat vrouwen altijd plezier in elkaars bestaan scheppen, maar dat ze zich toch verbinden in wederzijds ondersteunende netwerken.

Door zelf in beweging te zijn, zet je ook anderen in beweging.

“*De werkelijke waarde van een mens kan worden gevonden in de mate waarin hij bevrijding van zijn eigenbelang heeft bereikt.*”

~ Albert Einstein

HOOFDSTUK 7
VERBONDENHEID MET HET LEVENSGEHEEL, DE NATUUR

Ik ben toegekomen aan het laatste hoofdstuk.

Het verbondenheidsconcept heb ik in de vorige hoofdstukken besproken door de verbondenheid met jezelf, de anderen, de omgeving en het materiële te bekijken.

In dit hoofdstuk kijk ik naar de ruimste dimensie van 'verbondenheid', namelijk het levensgeheel en de natuur. Het bewust ervaren dat we deel zijn van dezelfde kringloop van leven en dood van het grootste geheel in tijd en ruimte, de geschiedenis en de kosmos. Verbondenheid verbindt op die manier de mens met zijn eigen existentie. Dit basisgevoel, deze ervaring verandert de houding van de mens tegenover zijn dagelijkse omgeving en roept op tot een respectvolle, rechtvaardige omgang met de omgeving.

> *"Het bewust ervaren dat we deel zijn van dezelfde kringloop van leven en dood van het grootste geheel in tijd en ruimte, de geschiedenis en de kosmos."*

Een en ander kan je koppelen aan het existentieel welbevinden, dit is het gevoel van eenheid, heelheid, ervaring van zin in het algemeen en in het persoonlijk leven. Hier komen de grote levensvragen over leven, dood, het universum, religie en de zin van het leven naar boven.

1. Je leven na je pensioen: terugblikken en vooruitkijken

Het leven is een constante van terugblikken en vooruitkijken. Een en ander heeft ongetwijfeld te maken met hoe je in het leven staat, welke ervaringen je hebt opgebouwd. Je blikt terug op je 'geleefde' leven.

Hoe kan je dit doen?

Probeer voor jezelf eens de drie belangrijkste positieve levensgebeurtenissen op een lijn uit te tekenen. Probeer daarna de drie belangrijkste negatieve levensgebeurtenissen op een lijn uit te tekenen. Wat zal je opmerken? De gebeurtenissen die de grootste emoties bij jou naar boven gebracht hebben (zowel vreugde als verdriet), vind je op die lijn terug.

Het gevoel dat je wellicht zal hebben als je met pensioen gaat, is een gevoel van vrije tijd, van eeuwigdurende vakantie. Meestal gaat dit gevoel voorbij na een zestal maanden. Je krijgt weer zin en behoefte om een vaste structuur in je leven aan te brengen, en bepaalde activiteiten op geregelde tijdstippen te ontplooien. Maar wat betekent dit dan voor jou? Met andere woorden, hoe kijk je vooruit?

Je hoeft je niet meer anders voor te doen dan je bent. Je hoeft je niet meer mooier en beter voor te doen dan wie je bent. Je hebt wellicht een aantal kansen aan je voorbij zien gaan, je hebt misschien ook een aantal misstappen gezet die je al dan niet kan rechtvaardigen, waarmee je al dan niet in het reine bent.

Ga je ook verder op zoek naar een 'goed' leven? Nu je een dagje ouder wordt, zet je wellicht ook de stap naar een proces van meer verdieping, meer rijping en meer innerlijke verrijking.

Je kan rustig de tijd nemen om te overschouwen wat je allemaal wil doen, wil ondernemen. Er breekt een nieuwe fase aan met eigen mogelijkheden, waarin je tijd kan maken voor je partner, je vrienden, kan genieten van andere zaken waar je je in je leven mee hebt beziggehouden, of je kan ervoor kiezen om nieuwe zaken te ontwikkelen.

Geloof je voor een groot deel in de maakbaarheid van je eigen leven, waarbij je alle bedreigingen onder controle kan houden? Ik denk niet dat dit realistisch is.

Is het überhaupt zo dat je ouder worden kan vergelijken met kunst? En als het dan kunst is, wat moet je je daarbij voorstellen?

Het is belangrijk om te leven en niet om geleefd te worden. Daarom is het goed dat je een zekere mate van controle kunt uitoefenen op je eigen leven. Maar er zijn nu eenmaal zaken in je leven die zich niet laten controleren. De controledwang kan er dan wel zijn, maar soms moet je andere uitwegen zoeken, zoals iets weigeren, iets verdragen, iets loslaten, leren omgaan met iets, het uithouden.

"Geef me de moed om te veranderen wat ik kan veranderen. Geef me de wijsheid om te accepteren wat ik niet kan veranderen. Geef me het inzicht om het verschil tussen beide te zien."

~ Franciscus van Assisi

Je kan op verschillende fronten doelen stellen: gezondheidsdoelstellingen (bv. elk jaar een medische check-up doen, gezonder eten met meer fruit en groenten), persoonlijke doelstellingen (proberen rustig te worden d.m.v. massage en relaxatie, een cursus Engels volgen), maatschappelijk gerichte doelstellingen (bv. lid worden van een adviesraad, vrijwilligerswerk doen in Rwanda).

2. Een land waar mannen en vrouwen ouder willen worden

Reeds in 2009 schreef ik samen met Laura Christ een artikel voor het Nederlandse Tijdschrift *Geron* met als titel 'Een land waar vrouwen oud willen worden'. Dit bracht me op het idee om voor mijn vorig boek 'De weg naar een geslaagd pensioen' een bevraging te doen over in welk land mannen en vrouwen – die met pensioen gaan – ouder willen worden. Dit kan een specifiek land zijn, maar dit kan ook een mythisch land zijn waar het goed is om te wonen. Vandaar dat ik de items: wat is gelukkig zijn, levensmotto, levensdromen, wat en wie geeft zin in je leven en wat wil je bereiken vooraleer je sterft, heb willen bevragen.

2.1. Inleiding

90 personen hebben in 2010 meegewerkt aan mijn korte bevraging, 47% daarvan waren mannen en 53% waren vrouwen. De meerderheid (77%) was tussen de 55 en de 65 jaar, 8% was jonger dan 55 jaar en 15% ouder dan 65 jaar. 98% was Belg en had ook zijn/haar hoofdverblijf in België. De meerderheid van de respondenten (73%) was gehuwd. 81% was eigenaar van een woning. 17% had een nieuw samengesteld gezin. Bij 91% was het land van herkomst België. 8% formuleerde geen antwoord op geen enkele van mijn vragen.

89% wilde in België oud worden. Zuid-Europa (Spanje en Portugal) stond op de tweede plaats (6%), (Zuid-)Afrika op de derde plaats (3%) en Frankrijk op de vierde plaats (2%). De personen die uit België wilden vertrekken gaven vooral volgende redenen aan: ze wilden een goed klimaat met zon en zee. Gezin en familie waren de allerbelangrijkste redenen om in België te blijven wonen. 90% ging er dan ook effectief van uit vermoedelijk in België oud te worden.

De verschillende parameters die aan bod kwamen in de bevraging waren achtereenvolgens geluk (of gelukkig zijn), je levensmotto, je levensdromen, wat en wie geeft zin aan je leven, wat wil je nog allemaal bereiken in je leven vooraleer je sterft. Telkens werd de 'top 5' van meest voorkomende antwoorden opgesomd. Nadien bracht ik de minder voorkomende antwoorden naar voren.

2.2. Geluk (of gelukkig zijn)

Geluk (of gelukkig zijn) kan gedefinieerd worden als het tevreden zijn met de huidige levensomstandigheden of met het leven zoals zich dat nu presenteert. Hierbij kunnen er diverse positieve emoties aanwezig zijn, zoals vreugde, vredigheid, ontspannenheid en vrolijkheid. Gelukkig zijn is het tegenovergestelde van ongelukkig zijn, wat bestaat uit een gevoel van ontevredenheid en vaak samengaat met depressie, overspannenheid, woede of verdriet. Onderzoek duidt erop dat geluk voor ongeveer de helft erfelijk bepaald is. De rest van de verschillen wordt veroorzaakt door invloeden uit de omgeving.

Een en ander heeft natuurlijk te maken met hoe je in het leven staat, of je optimistisch, realistisch, cynisch of pessimistisch van aard bent. Het feit of je denkt dat het leven zinvol of zinloos is, zal beïnvloedend werken op of je je al dan niet gelukkig voelt. Of je verlamd wordt door het fatalisme van het lot of juist dat je de eigen vrijheid hebt om een aantal paden in het leven te bewandelen? Of denk je eerder dat God over alles beslist en jij niet zelf je weg kan uitstippelen? Dit zal allemaal met zich gelukkig voelen te maken hebben.

De top 5 van aspecten die gelukkig maken

n° 1: een goede gezondheid (51/90)

n° 2: 'me goed voelen in mijn vel' – harmonie hebben in ziel en lichaam, tevreden zijn (14/90)

n° 3: samen zijn met mijn partner en familie (11/90)

n° 4: beschikken over de dingen die 'ertoe doen': voldoende financiële middelen, comfort, eten, een dak boven het hoofd (10/90)

n° 5: genieten van het leven (8/90)

Andere items die worden aangegeven, zijn een goede relatie hebben met de kinderen en kleinkinderen, autonoom zijn, niemand tot last zijn, het leven in eigen handen hebben, omgang met vrienden, goed kunnen doen voor anderen, oud kunnen worden, geen tegenslagen hebben en geen problemen ervaren.

2.3. Je levensmotto

Motto staat voor 'uitdrukking of citaat die in het de kort de bedoeling van iets aanduidt'. Als ik het heb over je levensmotto, dan bedoel ik daarmee je levenshouding, de gedragslijn die je in je leven volgt. Ik heb de mensen dan ook gevraagd om een 'lijfspreuk' neer te schrijven. Hieronder vind je het resulaat.

De top 5 van het levensmotto

n° 1: carpe diem (20/90)

n° 2: gezond ouder worden (10/90)

n° 3: doe wel en zie niet om (8/90)

n° 4: leven en laten leven (6/90)

n° 5: waar een wil is, is een weg (5/90)

Andere interessante levensmotto's: graag zien en graag gezien worden, alles kan, niets moet', 'eenvoud in alles', 'lachen', 'rust roest', 'vanaf nu langzamer leven', 'oud worden', 'maak de mensen die je lief hebt, gelukkig', 'immer vooruit', 'graag traag', 'klein is fijn', 'helpen waar je kan voor mensen die correct zijn', 'waardig oud worden', 'zoeken naar belangrijke maatschappelijke waarden waaraan je met eigen talenten/mogelijkheden een bijdrage kan leveren', 'zoveel als mogelijk voor de kinderen en kleinkinderen zorgen', 'iedere dag dankbaar zijn voor de nieuwe dag', 'als het kriebelt, moet je sporten', 'doe wat je graag doet en geniet van eenvoudige dingen', 'always look at the bright side of life', 'geniet van de kleine dingen in het leven en wees niet egoïstisch', 'doe de dingen die je graag doet en probeer zo je leven kleur te geven', 'neem de dag zoals hij komt', 'gelukkig en verstandelijk heel oud worden', 'God schiep de dag, en moeder de soep (als er is)', 'ouder worden zonder pijn en in goed gezondheid', 'genieten van het leven en het verenigingsleven uitbouwen samen met andere landgenoten', 'samen zijn we sterk', keep on smiling'', 'alleen de toekomst (morgen) telt, gisteren is voltooide tijd', ' 'Allez vooruit': verleden aanvaarden en plaatsen en verder gaan/leven zonder bitterheid', 'een dag niets geleerd, is een dag niet geleefd', 'optimist tot in de kist', 'eerlijk duurt het langst', 'door het leven gaan met zo weinig mogelijk zorgen', 'alles heeft zijn tijd', 'feel the fear and do it any way'.

2.4. Je levensdromen

Een levensdroom is een droom omtrent hetgeen het leven brengen kan of zal. Als we die droom tot werkelijkheid kunnen maken, is dat mooi meegenomen. Natuurlijk kunnen we voor bepaalde dromen ervoor zorgen dat ze gerealiseerd worden. Ik stel vast dat mensen tijdens een cursus Voorbereiding op Pensioen veelal zeggen: 'ik heb altijd hard gewerkt, bepaalde dromen – meestal is dit dan reizen of extra aandacht hebben voor de kleinkinderen – heb ik nog niet kunnen waarmaken. Nu zal ik er werk van maken nu ik met pensioen ben en nog gezond ben'. Veelal hoor ik zeggen dat de mensen gezond willen blijven. Ze bouwen dan een levensstijl uit met gezonde voeding en veel beweging en sport om de bestaande gezondheid te bewaren. Wat zegt de bevraging over dit item?

De top 5 van de levensdromen

n° 1: gezond blijven (48/90)

n° 2: mijn kinderen en kleinkinderen gelukkig en gezond zien opgroeien (goede verstandhouding met hen) (25/90)

n° 3: reizen (18/20)

n° 4: met mijn partner harmonisch kunnen genieten van de nieuwe levensfase die 'pensioen' heet (14/90)

n° 5: genieten van de wereld en het leven – actief zijn (11/90)

Een greep uit de andere items die worden aangeduid, zijn: harmonieuze pensioenbeleving; oud worden; goed eten; wikken en wegen; in vrede leven met wie me dierbaar is; geen financiële problemen hebben; (meer) tijd hebben voor deugddoende zaken ; nieuwe mensen ontmoeten; vrienden koesteren; een gedichtenbundel maken; een CD maken met liedjes; meer 'thuis' komen via yoga, massage en wellness; dagen kunnen slijten zonder veel druk of zorgen; de lotto winnen; ik heb geen levensdromen; van mijn huis een echte thuis maken; goede verstandhouding met familie; gespaard blijven van tegenslagen; in nieuwe levensfases telkens 'n zinvolle dagbesteding vinden en gelukkig zijn; nog een nuttige/zinvolle maatschappelijke bijdrage kunnen leveren; wereldvrede; rust; nog goed kunnen werken; nieuwe kennis opdoen; tevreden zijn; hobby's kunnen verder zetten; nieuwe uitdagingen aangaan; uitkijken naar een nieuw leven in het buitenland; ondanks de slechte gezondheid, blijven voorploeteren; herstel van het milieu; tijd vinden om alle boeken te lezen die ik interessant vind; ik heb geen specifieke doelen in het leven; verder een doel hebben in het leven (zich nuttig voelen); de vitaliteit van het leven kunnen behouden en zelfstandig functioneren; natuur; culturele uitstappen maken; in het reine zijn met mezelf en mijn verleden alsook nieuwe dingen blijven ontdekken.

2.5. Wat/wie geeft je zin in het leven?

Dit is een vraag van filosofische aard. Uit gesprekken in de cursussen VOP wordt vastgesteld dat het gezin en de familie prioritair worden aangestipt bij de meeste mensen. Wat zegt de bevraging hierover?

De top 5 van de items die/dat zin geven aan het leven

n° 1: mijn partner/gezin/familie/kinderen/kleinkinderen (79/90)

n° 2 mijn vrienden (24/90)

n° 3: mijn werk (10/90)

n° 4: een goede gezondheid (7/90)

n° 5: reizen (6/90)

Een greep uit de andere items die worden aangeduid, zijn: je eigen ritme volgen; de natuur: het volgen van de seizoenen; veel lezen, film, contact met mensen; genegenheid geven en genegenheid krijgen van je meeste dierbaren; genieten van cultuur; mijn hobby's; deelname aan socio-culturele activiteiten; is er zin?; mijn geloof; uitstappen doen; mijn huisdier; mijn sportactiviteiten; goede materiële en omstandigheden; van nut zijn voor mijn familie; genieten van eenvoudige dingen; het wat kalmer aan kunnen doen nu met pensioen – tijdsdruk die wegvalt; mijn maatschappelijke betrokkenheid. Als babyboomer een nieuwe invulling geven van 'langer leven' i.p.v. 'ouder worden'; bijleren, ontdekken en andere talenten die nog niet aan bod kwamen ontdekken/gebruiken; vooruitkijken; nuttig blijven; kennis doorgeven; God; literatuur; de bijbel; het bekijken van schoonheid in kunst, objecten, natuur en literatuur.

2.6. Wat wil je nog allemaal bereiken in je leven vooraleer je sterft?

Het onderwerp 'sterven' ligt heel gevoelig bij actieve 50- en 60-plussers. In cursussen Voorbereiding op Pensioen zijn het geen gegeerde onderwerpen om over zorgbehoevendendheid, rouw, verlies en sterven te spreken. Toch maakt het deel uit van het leven. Ik heb doelbewust niet gepeild naar de dood, maar naar wat men nog wil bereiken vooraleer men sterft. Hieronder de resultaten.

De top 5 van de zaken die men nog wil realiseren vooraleer men sterft

n° 1: reizen (17/90)

n° 2: lang kunnen genieten van het leven na het pensioen (14/90)

n° 3: gezond ouder worden (9/90)

n° 4: nieuwe projecten/dromen realiseren (8/90)

n° 5: de kleinkinderen zien opgroeien en volwassen worden (6/90)

Een greep uit de andere items zijn: 'verder doen zoals ik nu bezig ben'; de lotto winnen; een wereld zonder oorlog en misdaad; talen leren; niets meer echt willen; lezen; voldoende financiële middelen om de kinderen te helpen; gelukkig zijn; deugd en liefde; levenslang leren; mensen kunnen bijstaan in crisis: onthaal en luisteren; zoveel mogelijk liefde geven; huis renoveren; geholpen worden in nood; waardig afscheid kunnen nemen van hechte familieleden; fietsen en wandelen in de natuur; comfortabel leven leiden; niets; mensen, vrienden van vroeger terug zien; een goed gezin hebben; dat mijn man zijn pensioen haalt; harmonie, zielerust en vrede vinden; met een gezonde terugblijk kijk naar mijn vroegere leven; iedereen gelukkig maken; kleinkinderen krijgen en mijn partner lang behouden; ik weet het niet; voorlopig geen toekomstplannen, ik ben net met pensioen; een kwalitatief hoogstaand leven bereiken en oud worden.

Tot zover de resultaten van de kleinschalige bevraging. Deze bevraging kan niet gezien worden als een wetenschappelijk onderzoek. Het lijken me wel interessante parameters om verder te bevragen bij mensen die met pensioen gaan. Misschien haal je er voor jezelf interessante elementen uit en/of misschien voel je je wel geroepen om voor jezelf een antwoord te formuleren op de verschillende vragen. Het kan een boeiende tocht worden om nog meer jezelf te zijn en om de waarden van je partner en/of de mensen die je dierbaar zijn beter te leren kennen.

2.7. Een land waar vrouwen en mannen oud willen worden

Ik wil ouder worden in een land...

waarin oude dagen nieuwe dagen worden
en nieuwe dagen oude dagen worden,
de sociale geschiedenis van mijn land
de toekomst wordt
en de toekomst van mijn land
sociale geschiedenis wordt,
het cultureel erfgoed van mijn land.

Ik wil ouder worden in jouw land
mijn land, ons land,
met verdraagzaamheid als fier banier
hoog wapperend in de te breken lans,
het visitekaartje van mijn land.

Ik wil ouder worden in een land
waar elkeen gelijke kansen krijgt,
't zij jong, 't zij oud
't zij wit, 't zij zwart
geen ras, geen kleur apart,
onder de kleuren van de regenboog.

Ik wil ouder worden in een land
waar ik zo lang mogelijk thuis nog wonen kan
ik een rusthuis nog betalen kan,
waar arm niet ziek maakt
en ziek niet arm maakt
gezondheid er niet alléén is voor de rijken,
waar mijn plaatsje om te rusten voorbehouden wordt
tot ik naar mijn laatste rustplaats ga.

(Jacques Rommelaere)

3. Er zit muziek in de lucht

Er zit muziek in de lucht. Velen beseffen dat het zo niet meer verder kan in onze maatschappij. De filosofe Piët stelt dat gewetensvol leven de nieuwe trend is.[151] De verheerlijking van het ego, bezit en geld, de nood aan sociale erkenning van anderen, van hebzucht, de focus op de buitenkant, materialisme, opportunisme, zelfgenoegzaamheid en het nietsontziend faken en profiteren hebben hun tijd gehad. Er breekt een morele revolutie aan. Bij gewetensvol leven hoort volgens Piët een andere manier van leven: buurtfeesten, ruilapps en zelfmaaksites schieten als paddenstoelen uit de grond, creativiteit breekt door de oude consumptiementaliteit heen. Er gloort een verlangen naar rust, schoonheid, stijl, zorgzaamheid, spaarzaamheid en reflectie.

“Er is meer dan ooit een verlangen naar een warme maatschappij.”

Trend: een hang naar de stilte en naar de natuur[152]

De Romeinse denker Horatius leefde omstreeks het jaar 45 voor Christus in het Rome van net na Caesar. Zijn ideeën doen erg eigentijds aan. De tijd waarin hij leefde, valt dan ook wel te vergelijken met de onze: er was in feite een crisis aan de gang en men moest zich bezinnen over de waarde van luxe. Horatius was een praktisch man, die zelfs Minister van Financiën werd. Toen hij vurig begon te pleiten voor het voeren van een discussie over de vraag wat nu eigenlijk goed was, deed hij dat vanuit een economische noodzaak. Hij maakte echter ook een interessant punt over de waarde van stilte.

Hij meende namelijk dat die gesprekken over goed en kwaad het best op het platteland gevoerd konden worden, waar het stil is en het leven eenvoudig; waar je aandacht niet wordt opgeslokt door de waan van de dag en een cultuur van wedijver en holle prietpraat. Hij suggereerde zelfs dat het stadsleven die morele discussie in de weg zat. Ook in zijn tijd werden die *urban mumble*-gesprekken gedomineerd door roddel en recensies van de interieurs en kleding van beroemde medebewoners, onderwerpen die danig afleidden van waar het eigenlijk om gaat.

Vriendelijk en tolerant zijn ten opzichte van anderen, mensen helpen die minder bevoorrecht zijn dan jij, regelmatig overpeinzingen doen op een eenzame berg, zo nu en dan een wandeling maken in de natuur en aan de zee. Op de tast banen we ons een weg door het leven. Laten we op zoek gaan naar de tijdsboog die de rimpels op de rug van onze hand tonen, zodat we deze kunnen lezen. Verstilling maakt je hoofd leeg maar ook open voor nieuwe ideeën.

4. Waar hecht jij waarde aan?

Een manier om na te gaan waar jij waarde aan hecht in je leven, is het maken van een waardenboom. Wat zijn de waarden in je leven? Welke waarden wil je verder benadrukken in je leven?

Een andere manier om even de waarden die jij belangrijk vindt in het leven naar boven te laten komen, is het tekenen van een identiteitscirkel. Dat is een segmentencirkel die belangrijke aspecten van iemands identiteit op een overzichtelijke manier weergeeft. Het is geen noodzaak om hiervoor een cirkelvorm te hanteren. Er kan gevarieerd worden in vorm, grootte en thema's[153] en er wordt ingegaan op de volgende items:

- De contacten die voor jou van betekenis zijn.
- De activiteiten die je graag doet.
- Wat jij belangrijk vindt aan de ruimte waarin je woont en de omgeving waarin je vertoeft.
- Welke benadering je wenst, mocht je zorg nodig hebben.
- Wat je kernkwaliteiten zijn.
- Wat de waarden zijn die je belangrijk vindt.

5. Je eigen bucketlist

Ik sluit met deze paragraaf de cirkel naar het begin van mijn boek, waar ik het had over hoe je in eerste instantie tegen je pensioen aankijkt. Nu gaat het allemaal gebeuren en kan je wellicht niet wachten om je bucketlist te maken met 'dat en dat en dat wil ik nog doen'.

Inspiratie kan je halen uit de film 'The Bucket list'. Dit is een Amerikaanse drama-komedie uit 2007 geregisseerd door Rob Reiner. Edward Cole (Jack Nicholson) is een steenrijke zakenman. Hij haalt veel voldoening uit zijn werk, maar heeft weinig sociale contacten. Hij was vier keer getrouwd, maar scheidde net zo vaak. Carter Chambers (Morgan Freeman) is al 45 jaar automonteur. Hij was net geschiedenis gaan studeren toen zijn Virginia zwanger bleek, waarop hij zijn ambities liet varen en de verantwoordelijkheid nam voor zijn familie door een baan te gaan zoeken. De mannen komen elkaar tegen wanneer ze op dezelfde kamer worden opgenomen in het ziekenhuis wanneer bij hen beiden kanker wordt geconstateerd. Cole en Chambers leren elkaar een beetje kennen. Ze krijgen tijdens de gesprekken inzicht in elkaars denkbeelden, terwijl de medische staf ze aan het ene na het andere onderzoek onderwerpt. Op een dag krijgen ze beiden slecht nieuws. De onderzoeken wijzen uit dat de kanker bij geen van beiden nog te genezen valt. Ze zijn beiden terminaal en hebben nog een half jaar tot een jaar te leven. Chambers gooit daarop moedeloos een papiertje weg dat Cole opraapt en leest. Het blijkt een bucketlist, een papiertje waarop Chambers dingen noteerde die hij eens gedaan wilde hebben voor hij sterft...

Nou...

- Wat wilde jij als kind al altijd doen?
- Welke dingen wil jij al heel lang en heel graag doen?
- Als je later terugkijkt op je leven, waar zou je het meest spijt van hebben als je het *niet* had gedaan?
- Wat wil jij nog allemaal doen vooraleer je sterft?
- Zie de opportuniteiten en grijp ze. Creëer je eigen bucketlist en maak daarbij een top drie waar je eerst aandacht zult aan besteden.

Maak hieronder je eigen bucketlist:

1	
2	
3	
4	
5	
6	
7	
8	
9	
10	

En tot slot nog een oefening om dit boek in schoonheid af te ronden:

Je bent 60 en je valt in een diepe slaap. Na 25 jaar word je wakker. Je bent 85 jaar geworden en je kijkt terug op je leven... waar ben je het meest trots op?

“Een mens is als een dauwdruppel op een blad.”

~ Socrates

UITSMIJTER

The future is yet to come...

52 shades of healthy ageing (by Els Messelis)

1. Als je ze hebt en je ziet ze graag: straal dan je liefde voor je partner en je kinderen uit.
2. Versterk je sociaal konvooi.
3. Eet gezond.
4. Drink alcohol met mate(n).
5. Neem voldoende lichaamsbeweging.
6. Besteed aandacht aan kwetsbare zintuigen.
7. Doe aan medische preventie.
8. Kom op tegen kanker en andere gezondheidsproblemen.
9. Zoek naar samenhang in jezelf en in je leven.
10. Blijf geestelijk actief.
11. Leer positief omgaan met een aantal lichaamsveranderingen.
12. Breng humor in je leven.
13. Kom uit je kot.
14. Zoek evenwicht tussen geven en nemen.
15. Zoek de balans tussen betrokkenheid en afstand.
16. Vang talenten van jezelf en van anderen.
17. Geef zuurstof aan je passies.
18. Zeg neen tegen energievretende mensen en dingen.
19. Laat je creativiteit botvieren.
20. Richt je eigen 'accademia del buon gusto' op.
21. 'Beweeg' zelf, zo zet je ook anderen aan tot 'beweging'.

22. Laat je omringen door kunst, andere culturen, muziek, levensverhalen, natuur, boeken, wijn en de mensen die je dierbaar zijn.
23. Geef elke dag minstens één complimentje aan iemand.
24. Zorg voor een goede matras en dito nachtrust.
25. Slaap bij een leuke bedpartner.
26. Wees attent voor je seks- en intiem leven.
27. Laat je niet manipuleren door machtsgeile mensen.
28. Zet je schouders onder initiatieven voor kwetsbare mensen.
29. Kom op voor gelijke kansen en superdiversiteit.
30. Probeer je problemen zelf op te lossen, lukt dat niet: zoek dan hulp.
31. Wakker je nieuwsgierigheid aan.
32. Ontroer en laat je ontroeren.
33. Leer een leven lang.
34. Kijk naar het wonder van relaties.
35. Creëer je eigen gezondheidsidealen of eis ze op.
36. Zoek de wijsheid op.
37. Dans en zing je hele leven lang, ook al kan je dat alleen nog in je verbeelding...
38. Creëer ruimte.
39. Denk 'out of the box'.
40. Denk rizomatisch.
41. Spiegel de zee en met uitbreiding de natuur.
42. Schrijf minstens een boek.
43. Ban taboes uit je leven.
44. Zorg goed voor jezelf en diegene die (en datgene dat) je dierbaar zijn.
45. Verzorg je goed of laat je verzorgen.
46. Omarm jouw existentiële eenzaamheid alsook de 'wabi sabi' leefwijze.